Découvrez des Jeux Gratuits en Ligne

Disponible Ici :

**BestActivityBooks.com/FREEGAMES**

# 5 ASTUCES POUR DÉMARRER !

## 1) COMMENT RÉSOUDRE LES MOTS MÊLÉS

Les puzzles sont dans un format classique :

- Les mots sont cachés sans espaces, tirets, ...
- Orientation : Les mots peuvent être écrits en avant, en arrière, vers le haut, vers le bas ou en diagonale (ils peuvent être inversés).
- Les mots peuvent se chevaucher ou se croiser.

## 2) UN APPRENTISSAGE ACTIF

Un espace est prévu à côté de chaque mots pour noter la traduction. Pour favoriser un apprentissage actif un **DICTIONNAIRE** à la fin de cette édition vous permettra de vérifier et étendre vos connaissances. Cherchez et notez les traductions, trouvez-les dans le Puzzle et ajoutez-les à votre vocabulaire !

## 3) MARQUEZ LES MOTS

Vous pouvez inventer votre propre système de marquage. Peut-être en utilisez-vous déjà un ? Sinon, vous pourriez, par exemple, marquer les mots qui ont été difficiles à trouver d'une croix, ceux que vous avez aimés d'une étoile, les mots nouveaux d'un triangle, les mots rares d'un diamant, etc...

## 4) STRUCTUREZ VOTRE APPRENTISSAGE

Cette édition vous offre un **CARNET DE NOTES** très pratique à la fin du livre. En vacances ou en voyage ou à la maison, vous pouvez facilement organiser vos nouvelles connaissances sans avoir besoin d'un second bloc-notes !

## 5) VOUS AVEZ FINI TOUTES LES GRILLES ?

Allez à la section bonus **CHALLENGE FINAL** pour trouver un jeu gratuit à la fin de cette édition !

**Simple et Rapide !** Découvrez notre collection de livres d'activités pour votre prochain moment de détente et **d'apprentissage**, à juste un clic de distance !

Trouvez votre prochain défi sur :

BestActivityBooks.com/MonProchainLivre

# À vos marques, prêts... Partez !

Saviez-vous qu'il existe environ 7 000 langues différentes dans le monde ? Les mots sont précieux.

Nous aimons les langues et avons travaillé dur pour créer les livres de la plus haute qualité pour vous. Nos ingrédients ?

Une sélection des thématiques d'apprentissage adaptée, trois belles parts de divertissement, puis nous ajoutons une cuillère de mots difficiles et une pincée de mots rares. Nous les servons avec soin et un maximum de plaisir pour vous permettre de résoudre les meilleurs jeux de mots mêlés qui soient et d'apprendre en vous amusant !

-------

Votre avis est essentiel. Vous pouvez participer activement au succès de ce livre en nous laissant un commentaire. Nous aimerions vraiment savoir ce que vous avez préféré dans cette édition !

Voici un lien rapide qui vous mènera à la page d'évaluation de vos commandes :

## BestBooksActivity.com/Avis50

Merci pour votre aide et amusez-vous bien !

*De la part de toute l'équipe*

# 1 - Adjectifs #2

```
W H L R A Y B Q E H O E A O Z X
I Z X G K M E Z B Y U L S J O B
G J M D A U R A B C W E L G E Z
N K E M R P B C A G K G I Q O P
D Z R T X I A L I A R A M V U R
K R K I O R K G E I M N A Z O O
R D A G G N A B U F U X L H P D
P H X M T M T A U K R S A B B U
K A T L A H L O Y G N I R E K K
R O N A H T T F K Z I N O S P T
E X W A E F I T P I R K S E D I
A K S R S C W S S P R A Y Y O F
T N I D G R R K U T N A G N E M
I K K D F F P A S I N A N F N V
F Y N S T E R K E N A L E E A H
T C A T P V R M L W X A L X M Y
```

| | |
|---|---|
| ASLI | MENARIK |
| TERKENAL | ALAMI |
| PANAS | BARU |
| KREATIF | PRODUKTIF |
| DESKRIPTIF | MURNI |
| BERBAKAT | SEHAT |
| DRAMATIS | ASIN |
| ELEGAN | LIAR |
| BANGGA | KERING |
| KUAT | MENGANTUK |

# 2 - Formes

```
U A M S I R P A V W M P L D J Y
B L L I I U X R L J W I I C M W
P O I E H Y A C R F N R N J X E
M B E L I P S V D W F A G F W H
S R K U R V A P N G Q M K V N Q
P E X D F T W Y O F G I A G V J
T P M G Z E K F T L F D R A Y G
S I S I P E T T U Z I A A R Y V
U H P H L E X F C R E G N I R K
B V O R Z W R B U L A T O S J E
U R E O S H H S R C E U W N N C
K R J J S S K J E O C D V O F L
B T U S S K X C K G Z U V N Q L
O K H J R E D N I L I S F G C K
L N S Q X B X J G M O V A L V C
A G I T I G E S M F O K T K G A
```

ARC                    ELIPS
TEPI                   HIPERBOLA
PERSEGI                GARIS
LINGKARAN              OVAL
SUDUT                  POLIGON
KURVA                  PRISMA
KERUCUT                PIRAMIDA
SISI                   BULAT
KUBUS                  BOLA
SILINDER               SEGITIGA

# 3 - Force et Gravité

```
R A V G O D E M S I T E N G A M
T T J Y R A K F Z H W O A V U W
G E R A K M S S I T R E P O R P
F K V R G P P U Q S C C H J M W
M D S B U A A M X A I J V B E D
C Q P D Y K N B A L C K V E K R
X G U V A F S U S S X H A R A S
L A S R E V I N U T K A W A N O
I R A T E K A N A N E R B T I R
N A T A P E C E K U B N H B K B
J K P O X H E A R T P L A G A I
M A X T V J D I N A M I S L R T
I Y R G E S E K A N J P N X P G
P A N A U M E N E P G Z N C M G
T S Y F K X Z F A C T W P S Q V
G P K I G Y A O X Z U P E H L O
```

| | |
|---|---|
| SUMBU | GERAK |
| PUSAT | ORBIT |
| PENEMUAN | FISIKA |
| JARAK | PLANET |
| DINAMIS | BERAT |
| EKSPANSI | TEKANAN |
| GESEKAN | PROPERTI |
| DAMPAK | WAKTU |
| MAGNETISME | UNIVERSAL |
| MEKANIKA | KECEPATAN |

# 4 - Adjectifs #1

```
I  M  S  X  P  C  A  J  M  I  A  Y  E  B  T  Q
M  N  B  E  R  A  T  W  U  W  P  K  F  E  A  W
E  T  D  C  N  T  C  Q  D  Q  E  F  T  F  L  W
N  A  W  A  M  R  E  D  A  H  N  I  L  I  C  Q
A  N  X  S  H  Y  V  W  Y  N  T  N  W  M  F  L
R  R  E  U  G  U  L  X  L  A  I  R  S  U  E  A
I  U  J  I  D  E  N  T  I  K  N  F  D  T  V  M
K  P  H  S  Q  I  O  A  G  M  G  M  Z  L  E  B
W  M  Y  I  E  G  L  Q  R  U  J  U  J  A  Q  A
D  E  C  B  T  T  F  W  E  T  H  M  M  K  W  T
C  S  R  M  M  O  D  E  R  N  I  C  G  W  M  B
J  H  A  A  D  T  Z  H  J  B  W  S  X  U  B  E
T  I  P  I  S  I  T  O  S  K  E  C  T  N  J  S
M  B  C  H  Z  E  O  R  R  E  I  G  K  I  P  A
S  J  W  I  W  K  Q  K  Z  E  R  B  V  X  K  R
A  R  O  M  A  T  I  K  R  K  O  A  J  O  S  L
```

| | |
|---|---|
| MUTLAK | JUJUR |
| AKTIF | IDENTIK |
| AMBISIUS | PENTING |
| AROMATIK | LUGU |
| ARTISTIK | MUDA |
| MENARIK | LAMBAT |
| INDAH | BERAT |
| EKSOTIS | TIPIS |
| BESAR | MODERN |
| DERMAWAN | SEMPURNA |

# 5 - Instruments de Musique

```
M  Z  V  O  W  Q  S  B  X  X  H  S  H  A  P  F
S  A  O  N  F  W  G  I  T  A  R  E  A  Q  E  V
F  S  N  M  F  T  P  I  A  N  O  R  R  R  R  S
Y  C  O  D  A  H  E  H  Z  Z  L  U  M  R  K  B
A  I  O  B  O  R  M  R  X  D  E  L  O  E  U  K
C  W  S  A  J  L  I  H  O  E  S  I  N  B  S  L
T  M  S  D  N  V  I  M  N  M  C  N  I  A  I  A
F  D  A  U  A  P  A  N  B  H  P  G  K  N  J  R
U  T  B  L  B  J  T  O  L  A  B  E  A  A  Q  I
H  A  R  P  A  S  S  B  T  A  U  Q  T  Z  J  N
R  A  Q  B  C  T  B  M  E  U  K  E  X  W  Z  E
S  E  J  N  U  L  I  O  D  V  F  G  O  N  G  T
Z  P  T  J  W  K  O  R  Z  I  O  P  Q  P  I  P
T  T  M  J  H  K  L  T  R  H  L  H  I  A  O  B
N  O  F  O  S  K  A  S  H  A  C  W  N  Z  S  U
E  F  V  N  Y  W  F  L  X  R  K  I  D  R  U  M
```

| | |
|---|---|
| BANJO | MARIMBA |
| BASSOON | PERKUSI |
| KLARINET | PIANO |
| SERULING | SAKSOFON |
| GONG | DRUM |
| GITAR | REBANA |
| HARMONIKA | TROMBON |
| HARPA | TEROMPET |
| OBO | BIOLA |
| MANDOLIN | SELO |

# 6 - Échecs

```
P A M B I S Z Z C J I H L S X T
U E O T Z I A F E S G I G J D A
T O L R A T U A R S E T N O K N
I L A N O G A I D W T A I B W T
H K W A A X D N I A A M A J B A
U J A N J R X L K K R Y M Z Q N
X K N A B U U I T T T H E U P G
Z D A B R G A T D U S D P W A A
M H N R I B B R A B M O Y L S N
M L I O G D S I A I P C O C I E
P X A G F L N X P O I N R I F M
V R M N E J L H M D Y I A M S A
L S R E C D D G C O B O J N K N
H I E P L X L G D V U I A B P R
S Z P A O B N P X K K T A K T U
D C I C U E I N D B X M V G C T
```

LAWAN

PUTIH

JUARA

KONTES

TANTANGAN

DIAGONAL

CERDIK

PERMAINAN

PEMAIN

HITAM

PASIF

POIN

RATU

ATURAN

RAJA

PENGORBANAN

STRATEGI

WAKTU

TURNAMEN

# 7 - Herboristerie

```
H  A  B  T  S  Y  R  A  M  E  S  O  R  B  K  M
G  R  I  A  A  M  A  I  N  C  Q  P  Y  K  E  A
Z  O  B  K  W  F  S  A  T  I  L  A  U  K  B  R
V  M  U  K  N  A  A  I  U  G  W  T  T  W  U  J
P  A  N  R  E  D  N  E  V  A  L  K  W  Z  N  O
H  T  G  K  X  E  G  G  C  W  Z  L  S  W  A  R
Z  I  A  L  U  A  D  X  P  I  T  P  E  Q  H  A
S  K  J  J  Z  L  H  M  K  U  I  Q  T  E  R  M
M  N  G  L  B  V  I  Q  R  Y  T  I  Y  N  U  K
E  T  S  Z  O  D  C  N  I  Z  N  I  C  O  O  R
K  E  M  A  N  G  I  Y  E  A  I  Z  H  G  W  W
E  M  R  H  D  T  X  W  N  R  M  S  O  A  J  U
E  J  I  J  E  A  H  I  J  A  U  Z  O  R  G  F
B  E  R  M  A  N  F  A  A  T  K  Z  A  R  W  P
L  N  Q  T  I  M  I  H  B  A  H  A  N  A  M  U
R  O  T  D  E  Y  O  I  L  E  S  R  E  T  E  P
```

| | |
|---|---|
| BAWANG PUTIH | LAVENDER |
| AROMATIK | MARJORAM |
| KEMANGI | MINT |
| BERMANFAAT | PETERSELI |
| KULINER | KUALITAS |
| TARRAGON | ROSEMARY |
| ADAS | KUNYIT |
| BUNGA | RASA |
| BAHAN | TIMI |
| KEBUN | HIJAU |

# 8 - Photographie

```
T  K  V  F  U  B  V  P  W  W  T  O  Y  L  S  P
R  E  M  C  D  H  N  A  P  A  L  E  G  E  K  E
I  P  K  I  D  J  P  M  N  R  P  E  F  I  E  N
Z  Z  L  S  T  R  K  E  G  N  W  G  S  G  J  C
X  E  M  I  T  A  D  R  K  A  Q  W  P  M  B  A
B  Z  P  N  P  U  R  A  E  R  O  K  Y  G  O  H
I  D  K  I  I  P  R  N  K  O  S  O  V  K  M  A
F  N  D  F  L  C  V  A  D  U  R  N  E  P  E  Y
B  O  N  E  J  G  D  K  S  X  N  T  O  X  L  A
A  K  R  D  F  I  T  K  E  P  S  R  E  P  I  A
Y  A  H  M  H  W  I  A  B  Z  C  A  I  G  H  N
A  M  I  I  A  F  Y  N  M  O  O  S  C  W  A  F
N  E  I  K  T  T  I  U  P  O  T  R  E  T  T  H
G  R  Y  A  P  A  J  L  S  U  B  J  E  K  K  H
A  A  R  V  W  P  M  E  B  I  N  G  K  A  I  F
N  I  S  I  S  O  P  M  O  K  V  I  S  U  A  L
```

| | |
|---|---|
| MELUNAKKAN | HITAM |
| BINGKAI | OBJEK |
| KAMERA | KEGELAPAN |
| KOMPOSISI | BAYANGAN |
| KONTRAS | PERSPEKTIF |
| WARNA | POTRET |
| DEFINISI | SUBJEK |
| PAMERAN | TEKSTUR |
| PENCAHAYAAN | VISUAL |
| FORMAT | MELIHAT |

# 9 - Véhicules

```
V D X I D A L T B O M S V R D W
A V Y H O R H R I I R E F Y R J
P E S A W A T A Y J S R R J E O
K X E L X T I K A R Z Z O M T S
U A N I W E T T N F O O K T P D
R V P F T R A O Q Z Z S E Q O K
T O A A F E K R E M N P T P K M
N I U K L K S S E P E D A E I P
C B F M P S I G G V L L J R L I
Y A I X O Z E Q F B T A F A E M
Z N W R L Q T L P A T D A H H J
C T G E R I D Z A J U G H U B E
Q Q W T F F R G H M H Z T W K R
A M B U L A N S Y U S N P K V Y
R U B K M O B I L K U M L T Q K
H T O S N Q O K N H J E G F V S
```

AMBULANS            SHUTTLE
PESAWAT             BAN
PERAHU              RAKIT
BIS                 SKUTER
TRUK                KAPAL SELAM
KAFILAH             TAKSI
FERI                TRAKTOR
ROKET               KERETA
HELIKOPTER          SEPEDA
MOTOR               MOBIL

# 10 - Camping

```
B P Z K T B E R B U R U A N A D
U V V O G U N U N G U D W O Y Q
L J J M B I N A T A N G L H L X
A X D P S Q Q X T U R K H O F C
N P N A G N A L A U T E P P H A
B K Q S P K T E W T H T E N D A
L N K S L O I M G C L H G D B G
N E F M A I J R N J M Z N R P U
N U N P W L J Q T B W O Q S E O
Q N P T E A P I P O T X L E R A
H F J K E T K A B I N J Q R A N
Z G N A H R A X J A L A M A L Q
W N L N L A A L Z T E O X N A J
H Z B O T V I N D M I L Q G T T
E S T I U E U N Z A N C L G A M
P D W S Q B X P U C P S R A N H
```

BINATANG          PERALATAN
POHON             API
PETUALANGAN       HUTAN
KOMPAS            SERANGGA
KABIN             DANAU
KANO              LENTERA
PETA              BULAN
TOPI              GUNUNG
BERBURU           ALAM
TALI              TENDA

# 11 - Écologie

```
P R C R Q T Z M G F F Y O N C K
P E R B E D A A N L A A T N V O
H D F U X T K U U O Z H U I G M
V A R I A S I P N R F Y X N Y U
N Z Z J W W X T U A L Q N C A N
S S P I S A T E G E V B D L W I
Q U B E R K E L A N J U T A N T
J V M H A B I T A T K T V B G A
A E P B S E H F M Q G X T O Q S
L N N G E H P B L O X I K L I M
A F H I U R D Y M S O C E G I A
M H F Y S G D R A W A A U P D L
I V U K J N N A W A L E R I C A
Q I C U N J P T Y E O F P H P R
J F X D E S B A N A M A N A T H
F S K E K E R I N G A N Z B G L
```

RELAWAN
IKLIM
KOMUNITAS
PERBEDAAN
BERKELANJUTAN
JENIS
FAUNA
FLORA
GLOBAL
HABITAT

RAWA
LAUT
GUNUNG
ALAM
ALAMI
TANAMAN
SUMBER DAYA
KEKERINGAN
VARIASI
VEGETASI

# 12 - Géométrie

```
S Q O S D H F D D I M E N S I T
V I M B X I Q I P X K L U F Z I
U K M L N C T A U A K U R V A N
I A V E N A A M A S R E P U K G
S L E W T A U E G S P A D E I G
S K R Z U R D T C A V O L W G I
E U T R D N I E N M F N R E O H
G L I S U C E R Z T C E N U L L
I A K H S H F L I N G K A R A N
T S A K J C M Q S B Y T A J C Y
I I L N B K L N R S X W K G S H
G Q X H B Z P A O K G Y U T S U
A E L G S T G I P M V B M G T Q
G T C K U C H D O Z O C R E T I
S E G M E N J E R H F R E I S Z
T E O R I L F M P V H O P T N M
```

SUDUT
KALKULASI
LINGKARAN
KURVA
DIAMETER
DIMENSI
PERSAMAAN
TINGGI
LOGIKA
MASSA

MEDIAN
NOMOR
PARALEL
PROPORSI
SEGMEN
PERMUKAAN
SIMETRI
TEORI
SEGITIGA
VERTIKAL

# 13 - Les Médias

```
K R E R W E J L T N F C N V L A
C O I J H D X U I F Y F A K T A
P I M P G I N A R O K K Y B W P
Y N D U D S Q B Z T A U X A M N
J T D D N I Z Z M O D A R I N G
A E I I A I P E N D A P A T O O
R L G V K O L A K O L J V N Q
I E I I I V T A I N D U S T R I
N K T D D P E I S S I K A P Z H
G T A N I I L S I I J E Y J R N
A U L I D G E R J P F E E T W H
N A X M N Z V E R A D I O A B K
L L M T E U I M K O X W L J I W
L W T J P M S O V O D G N Z G A
M T K E M U I K S K A H B T Y V
O R O G J M P E N D A N A A N Y
```

| | |
|---|---|
| SIKAP | INTELEKTUAL |
| KOMERSIAL | KORAN |
| KOMUNIKASI | LOKAL |
| DARING | DIGITAL |
| EDISI | PENDAPAT |
| PENDIDIKAN | FOTO |
| FAKTA | UMUM |
| PENDANAAN | RADIO |
| INDIVIDU | JARINGAN |
| INDUSTRI | TELEVISI |

# 14 - Diplomatie

```
K K Z W T T E D N R R K J W N E
E O Z S A Z P E N A S I H A T T
D N Y E D R K O A S L T B H S I
U F P G I N G C N E U I J Y B K
T L N O P L N A A B K L D Y O A
A I P B W D I Y M A P O L A W K
A K H I K S S C A T G P X K E O
N G M N Q F A S E U C X L E P K
D A A D I O U T K D F V H R O G
A I P E M E R I N T A H O J C P
U S S I N T E G R I T A S A R E
U U P K I T A M O L P I D S Q O
B L C Z U R E S O L U S I A E Y
U O P L W S I X H D V J N M E T
J S S P X A I M H F G U O A J K
X K C M D X V K O M U N I T A S
```

KEDUTAAN
DUTA BESAR
WARGA
KOMUNITAS
KONFLIK
PENASIHAT
KERJA SAMA
DIPLOMATIK
DISKUSI

ETIKA
ASING
PEMERINTAH
INTEGRITAS
KEADILAN
POLITIK
RESOLUSI
KEAMANAN
SOLUSI

# 15 - Astronomie

```
G E R H A N A L U B E N A L U B
O B S E R V A T O R I U M A M E
Z N R A D I A S I D B F E S D Q
M O N O R T S A Y R U S K T B U
P G V I O E K K Y Y T F O R U I
L Y D Z E K M O A J Y E N O M N
A O Y G T O U P S L W B S N I O
N M U Z E R A Q F M A N T O N X
E Q V R M G F S O A O G E T P G
T L F V V N P S T J J S L I C D
A J E Q N B M I B E P W A G I O
P W L M W Z T E E G R F S N D V
S U P E R N O V A F S O I A Q N
A L A M S E M E S T A M I L G E
R P E O J A I E D O T O U D G D
R L Q U F V E U T F T V Y T V S
```

ASTEROID
ASTRONOT
ASTRONOM
LANGIT
KONSTELASI
KOSMOS
GERHANA
EQUINOX
ROKET
GALAKSI

BULAN
METEOR
NEBULA
OBSERVATORIUM
PLANET
RADIASI
SURYA
SUPERNOVA
BUMI
ALAM SEMESTA

# 16 - Physique

```
G K O B U Y Q Q J I B A R V K F
J X A I M I K N A H A B U M E R
O B U T Z S V D T W L M M B P E
E B I P S A S S A M C E U A A K
M L E K I T R A P A V U S H D U
S A E A U I C I E R T X T Z A E
I S Z K E V L U K E L O M O T N
T R R S T A S W U H S V M M A S
E E I S A R E L E S K A L E N I
N V L H W G O M E S I N J K N N
G I K N Y P Z N F J Z F I A J X
A N U K E K A C A U A N D N H F
M U N A T A P E C E K G I I Y D
J T R E L A T I V I T A S K Y Q
T P L Y Z X W X T T D Z T A L H
P T M L A T L Q O A J Z B Y G K
```

AKSELERASI
ATOM
KEKACAUAN
BAHAN KIMIA
KEPADATAN
ELEKTRON
RUMUS
FREKUENSI
GAS
GRAVITASI

MAGNETISME
MASSA
MEKANIKA
MOLEKUL
MESIN
NUKLIR
PARTIKEL
RELATIVITAS
UNIVERSAL
KECEPATAN

# 17 - Types de Cheveux

```
R D P R T M L J T J E S X D B Q
C I D B E R W A R N A W I H E M
T K U R J H H F O G C V I X R R
C E G N A R I P A N J A N G G E
R P N K A H T A L E K O C B E S
R A I I R M A D S A V Q M E L T
U N R W P M S W D B X R R O B
W G E I S I K A L Y P E P K M S
J H K R Z E Y D R E Z X T I B I
S H E G B Y H T V B S J I L A K
B U D K A B I A T M N M V A N X
H F N R B T J T M O E K U G J
S Z E L N T U X T A L E M B U T
L O P T F N P A K E R I T I N G
B O T A K B Q V B P E R A K O M
G I E L Q S X L A U T I P I S P
```

PERAK
PUTIH
PIRANG
IKAL
BERKILAU
BOTAK
BERWARNA
PENDEK
LEMBUT
TEBAL

KERITING
ABU-ABU
PANJANG
COKELAT
TIPIS
HITAM
BERGELOMBANG
SEHAT
KERING
DIKEPANG

# 18 - Archéologie

```
T T D V N Q N P M B V X D W M P
M E Z I V T U L A N G A I G H R
J J M I K E E I G U D N L H G O
W A I B S E T U O R J A U U H F
E M T R I X T K T Y R L P Y O E
V A K H R K N A Q N S I A Q B S
A N H G E I A Q H A K S K D J O
L D X N T L N R Q U L I A U E R
U A J M S E U X G T I S N E K Z
A H G R I R R P E N E L I T I A
S U G L M L U M V M Z K H M N M
I L Y R S H T F O J C T F A H A
B U C L Y N E U J J F O S I L N
G M A K A M K P E R A D A B A N
X V B W Y C X T Z F C Z L X I V
G W U S D Y P F Y D G X R Z F M
```

ANALISIS

JAMAN DAHULU

PENELITI

PERADABAN

KETURUNAN

AHLI

ZAMAN

TIM

EVALUASI

FOSIL

DIKETAHUI

MISTERI

OBJEK

TULANG

DILUPAKAN

TEMBIKAR

PROFESOR

RELIK

KUIL

MAKAM

# 19 - Mammifères

```
D Q R Y I C N I L E K N N R E L
F O A N J I N G U B T I B Z I H
C L M O I Z A N M T E U Q E B R
G O K B V J S I B P Y R H K X U
O Z X O A Y U C A R N U U O C B
R C O Y O T E U L L O G K A O A
I A G T D S S K U U M N Q L N H
L H B N Y I J X M K H A J A G G
A C A H M N M Q B E G K J G N J
Y P H R R G D I A L K O K I E E
W L B P I A X P P U P N U R T K
F I M X L M B X S E A P D E N S
L S R B O S A F O Z U W A S A M
J E R A P A H U T T S T N F B M
P X Z E B R A U D A R Y F K L Z
P V R U G S C E K Z S T U Y U I
```

| | |
|---|---|
| PAUS | KELINCI |
| KUCING | SINGA |
| KUDA | SERIGALA |
| ANJING | DOMBA |
| COYOTE | BERUANG |
| LUMBA-LUMBA | RUBAH |
| GAJAH | MONYET |
| JERAPAH | BANTENG |
| GORILA | HARIMAU |
| KANGURU | ZEBRA |

# 20 - Chocolat

```
K D M C L K E L A P A A L U G Y
C A J V C O R K P E S E R Q Z B
E F L K U A L I T A S U T O K L
K S E O O G V W F B U B U K M O
Z I L K R S I N A M V L O J N A
G V C H C I F A V O R I T M F K
B E Q H I T I H A P Z M G Z K Z
W E K H R O K A R A M E L R A X
P N D H W S L V S F R A S A R D
G E X K V K K P U E O T H N T L
G H N U A E Q U Q P B O I P I E
M Q P V Q K B K A C A N G E S Z
B A H A N M A E W K G X N R A A
T H Y T E V F O N P X X C M N T
A N T I O K S I D A N C P E A F
U M G P L M F S O V L W R N L L
```

| | |
|---|---|
| PAHIT | MANIS |
| ANTIOKSIDAN | EKSOTIS |
| AROMA | FAVORIT |
| ARTISANAL | RASA |
| PERMEN | BAHAN |
| KACANG | KELAPA |
| KAKAO | BUBUK |
| KALORI | KUALITAS |
| KARAMEL | RESEP |
| LEZAT | GULA |

# 21 - Mathématiques

```
S  P  I  D  H  V  A  C  S  W  C  B  P  E  R  J
P  E  R  S  A  M  A  A  N  U  U  H  B  K  A  U
O  J  P  B  H  O  Y  X  B  R  D  J  J  S  D  M
Z  P  H  W  J  T  K  N  F  H  O  U  E  P  I  L
S  D  K  L  E  L  A  R  A  P  K  Z  T  O  U  A
P  A  R  A  L  L  E  L  O  G  R  A  M  N  S  H
P  G  A  M  P  D  I  A  M  E  T  E  R  E  G  I
O  I  K  I  G  E  S  R  E  P  U  B  L  N  E  R
L  T  G  S  C  H  R  S  I  M  E  T  R  I  O  H
I  I  N  E  S  S  I  V  G  P  U  G  I  M  H
G  G  I  D  G  C  Q  S  M  O  M  N  A  S  E  J
O  E  L  M  N  D  I  K  Z  E  L  D  P  O  T  L
N  S  U  R  U  L  K  A  G  E  T  U  O  S  R  G
D  Q  D  M  T  K  X  R  C  M  W  E  M  D  I  X
N  K  P  P  I  B  H  F  I  Z  G  T  R  E  N  K
N  H  I  D  H  Z  D  R  J  H  I  V  J  V  Z  Q
```

| | |
|---|---|
| SUDUT | PARALEL |
| HITUNG | PARALLELOGRAM |
| PERSEGI | TEGAK LURUS |
| LINGKAR | PERIMETER |
| DESIMAL | POLIGON |
| DIAMETER | RADIUS |
| EKSPONEN | JUMLAH |
| PERSAMAAN | SIMETRI |
| FRAKSI | SEGITIGA |
| GEOMETRI | VOLUME |

# 22 - Mythologie

```
P E M R Y R P F M T X P Y B B V
O M E M E U A E X Z V R I T E P
L M X W K T Y K N O U Q I W N E
A L I P N N A U A C I G Y Q C R
D C A W G U D L T S I B P H A I
A X L B A G U H A L A P K E N L
S Y K T I G B K U N O P T N A A
A F A N A R D A K M J A C A O K
R S O I S D I M E X R H L I A U
E Z E J K J B N K S D L E D P N
K E C E M B U R U A N A G A E L
G A I B A C A K J J M W E B J D
K E Y A K I N A N K W A N A U A
B A L A S D E N D A M N D E A N
B B G A V V Y V E T L B A K N S
M A P A B D V W V M M S L L G C
```

POLA DASAR
BENCANA
PERILAKU
PENCIPTAAN
MAKHLUK
KEYAKINAN
BUDAYA
PETIR
KEKUATAN
PEJUANG

PAHLAWAN
KEABADIAN
KECEMBURUAN
LABIRIN
LEGENDA
GAIB
RAKASA
FANA
GUNTUR
BALAS DENDAM

# 23 - Restaurant #2

```
M U P R A G A G S N K D T X S L
D Z E I K A N I A U X Z E M E T
L P L K U E K K R R U J L K N Q
N B A M T Q S E P X A E U U D D
D C Y B A R E S M I E M R R O P
W F A I Z K N W I I P J P S K J
Y Y N E E A A D C B U A H I L K
Z A W L L E R N A M U N I M Y G
S A L A D P U S S L F G W O F C
Y O O H W V Y R G I H D C G G H
M A K A N M A L A M A D X U H V
S O E E C C S P R E E N W U B Z
B X F M S P J B G G K E G A E O
Y F Z C B R J G P R G U L A X F
C R E M P A H R E M P A H L H Y
L I F N M L H N K N Y S D O H F
```

| | |
|---|---|
| MINUMAN | KUE |
| KURSI | ES |
| SENDOK | SAYURAN |
| MAKAN SIANG | MIE |
| LEZAT | TELUR |
| MAKAN MALAM | IKAN |
| AIR | SALAD |
| REMPAH-REMPAH | GARAM |
| GARPU | PELAYAN |
| BUAH | SUP |

# 24 - Beauté

```
W Q W N I T G B E P F K L F U Y
A P F D T X E K L Z V C V D Q F
N A N U G G N A E K H K N S E V
G M I N Y A K M G Z Z J A S A G
I J K E H A P A A U Y Q X B Q H
O P V D C V O S N R A H M A T T
K I T S P I L K I N E G O T O F
O Q G D W C E A N O S E P D F S
S H L U A A R R C G U A M B P T
M P A B N N R A Z K L R A U E Y
E C D G Z T D N A P A A S K B L
T Q H L A K I A A K H P B Y X I
I Z P L W U N N C E R M I N S
K L U J G L M G G P U K V F V T
L F G K K I L P H E F R N R A Z
S B A F Z T L K B C D G F W F E
```

| | |
|---|---|
| IKAL | DANDAN |
| PESONA | MASKARA |
| GUNTING | CERMIN |
| KOSMETIK | WANGI |
| WARNA | KULIT |
| KEANGGUNAN | FOTOGENIK |
| ELEGAN | LIPSTIK |
| RAHMAT | JASA |
| MINYAK | SAMPO |
| HALUS | STYLIST |

# 25 - Avions

```
L I Q S C X E G I D Y I A B N E
A R N X D P G N A B M E G N E M
N S M Q Y H K A N A S A U S G K
G S C T H I X P R X N M Q W O Z
I E F P X S M M K A R M N A R O
T J M M K Q P U C T H W S W D L
B A M E P V V N O L A B F A I P
A R J F S D V E L M J U B K H M
H A J P X I A P W N N F M X K L
A H Y O W G N A T A R A D N E P
N P E T C G K E T I N G G I A N
B H I E J N I M W O U D A R A P
A H I L F I S K U R T S N O K E
K Z R N O T K E T U R U N A N K
A F O Q V T T U R B U L E N S I
R Z W P E T U A L A N G A N X E
```

| | |
|---|---|
| UDARA | ARAH |
| KETINGGIAN | AWAK |
| SUASANA | MENGEMBANG |
| PENDARATAN | TINGGI |
| PETUALANGAN | SEJARAH |
| BALON | HIDROGEN |
| BAHAN BAKAR | MESIN |
| LANGIT | PENUMPANG |
| KONSTRUKSI | PILOT |
| KETURUNAN | TURBULENSI |

# 26 - Aventure

```
R K M U F A T H X U N K M J B U
K E E X O V B G T B F H G Z A V
E S N A P A I S R E P N U Z S M
C U G W G K A A K T I V I T A S
A L E Q J N A N A M A E K E J P
N I J F M Q J E T S A R S G A E
T T U T U J U A N U A L A M D S
I A T R D F S O Y Z S X O Q W I
K N K N A V I G A S I I M S A A
A G A K R B U X U Y A H A I L R
N N N A I N A R E B E K J S K C
F A S A I B K A D I T D T I M A
M U G B E R B A H A Y A G P Z E
O L K E G E M B I R A A N R D B
K E S E M P A T A N R R I E P X
C P S P E R J A L A N A N H Y N
```

AKTIVITAS
KECANTIKAN
KEBERANIAN
KESEMPATAN
BERBAHAYA
TUJUAN
KESULITAN
ANTUSIASME
PESIAR
TIDAK BIASA

JADWAL
KEGEMBIRAAN
ALAM
NAVIGASI
BARU
PELUANG
PERSIAPAN
KEAMANAN
MENGEJUTKAN
PERJALANAN

# 27 - Ville

```
S S N I Z H L G D K E R O K P M
L E T O H Y N A R A D N A B Q Q
E M K A L N M L T E A T E R I U
K X V O D N B E T H Q I U D U N
B N K B L I G R A S A P S G K I
S A T P N A O I S A M R A F B V
O A N O M E H N N I V R Q U E E
L K U K U B O K O T J P T X F R
L A R S E J J I L O N F Y Z W S
F T E O S S M N A R N L J C D I
U S I I U S O I S O R O S F V T
K U I B M K J L R K T R B J T A
D P F F W B D K C O U I L A A S
X R S U K S Y W V T W S C C E Z
T E K R A M R E P U S T P E S Z
M P R E S T O R A N G H W F S J
```

BANDARA
BANK
PERPUSTAKAAN
TOKO ROTI
BIOSKOP
KLINIK
SEKOLAH
FLORIST
GALERI
HOTEL

TOKO BUKU
PASAR
MUSEUM
FARMASI
RESTORAN
SALON
STADION
SUPERMARKET
TEATER
UNIVERSITAS

# 28 - Ingénierie

```
D I S T R I B U S I O I K Z G P
S T A B I L I T A S A Q E C K R
C L Q K E P A D Y K P K D S E O
D C D T O I A R M N M O A U K P
R I S A T O R O T O M N L D A U
P L A S U M B U F M D S A U L L
M C U M L Z S I C W I T M T K S
V R T L E S E I D Z A R A S U I
M E S I N T C A I R G U N T L U
K P Y N A I E Q E D R K A R A K
K M X I E X F R Q V A S T U S U
P E N G U K U R A N M I A K I G
O K F R U V C T M A X Q U T C P
E G Q E J Q R S F M G C K U S N
Y Z V N J Q X W G Y A U E R S S
O A L E G W I Y Q B A A K V A F
```

SUDUT
SUMBU
KALKULASI
KONSTRUKSI
DIAGRAM
DIAMETER
DIESEL
DISTRIBUSI
ENERGI
KEKUATAN

TUAS
CAIR
MESIN
PENGUKURAN
MOTOR
KEDALAMAN
PROPULSI
ROTASI
STABILITAS
STRUKTUR

# 29 - Énergie

```
D  K  A  R  B  O  N  H  N  Y  T  Y  D  H  V  E
A  M  O  T  O  R  I  X  U  E  K  M  N  I  L  L
N  E  Q  C  C  Q  Y  K  K  A  C  W  D  D  E  E
G  O  Z  Z  O  Y  S  V  L  O  C  O  K  R  J  K
I  L  I  S  T  R  I  K  I  S  B  Y  I  O  B  T
N  V  P  A  G  J  G  Q  R  H  K  T  D  G  T  R
Q  M  O  N  A  G  N  U  K  G  N  I  L  E  E  O
T  D  R  A  K  A  B  N  A  H  A  B  G  N  R  N
W  C  T  P  I  G  I  M  G  N  S  H  D  O  B  I
D  T  N  I  S  N  E  B  A  I  A  R  E  T  A  B
H  I  E  G  F  W  D  O  A  T  N  A  Q  O  R  R
E  K  E  R  N  K  Z  U  V  F  A  L  Q  F  U  U
C  W  H  S  G  P  I  C  S  Y  G  H  G  O  K  T
N  B  B  G  E  Z  B  W  V  T  P  Y  A  U  A  M
V  E  P  E  W  L  N  N  C  H  R  J  L  R  N  H
P  O  L  U  S  I  V  X  A  N  O  I  J  S  I  Q
```

| | |
|---|---|
| BATERAI | HIDROGEN |
| KARBON | INDUSTRI |
| BAHAN BAKAR | MOTOR |
| PANAS | NUKLIR |
| DIESEL | FOTON |
| ENTROPI | POLUSI |
| LINGKUNGAN | TERBARUKAN |
| BENSIN | MATAHARI |
| LISTRIK | TURBIN |
| ELEKTRON | ANGIN |

# 30 - Corps Humain

```
E L B K A T O I Z B I V W E H X
R E H E L U H R J X J V F T V D
J N A P F L H I D U N G F U Z Y
W K J A O U S I K U L E J I K K
N Q A L U M B I B I R I I Q D U
L Q W A Z X V U T Q F R D D Z L
B A H U H S B I V G N A H A R I
L G K X P P X G W D J J I P H T
U R H T E L I N G A A H B P B U
T V M A V B B F B X L G W E S V
U Q Y M T B W V B J V U U R J F
T B W R K I M H P V P S E U Q G
D A R A H B H L R X H E O T S Q
F Y Z U E X A E B O E A H C R F
K B K D O N N V P B T A N G A N
D A V Q T X P X O S J K W V M O
```

| | |
|---|---|
| MULUT | BIBIR |
| OTAK | TANGAN |
| LEHER | RAHANG |
| SIKU | DAGU |
| HATI | HIDUNG |
| JARI | TELINGA |
| PERUT | KULIT |
| BAHU | DARAH |
| LUTUT | KEPALA |
| LIDAH | WAJAH |

# 31 - Biologie

```
S  Z  P  C  W  E  A  L  A  M  I  E  P  U  K  S
E  O  V  X  W  X  V  Q  A  X  N  Y  P  V  R  I
A  M  V  C  G  Q  B  O  N  E  U  R  O  N  O  N
Z  I  B  N  Q  Q  K  S  L  I  T  P  E  R  M  A
X  Z  U  R  M  S  I  I  E  U  S  B  V  J  O  P
C  N  L  S  I  S  O  M  S  O  S  B  Z  A  S  S
W  E  I  W  A  O  X  B  C  I  Z  I  H  N  O  H
U  V  K  B  W  P  N  I  E  T  O  R  P  A  M  O
N  L  N  E  G  A  L  O  K  X  L  E  Y  T  I  R
X  P  F  O  D  O  Y  S  H  I  Z  T  W  O  P  M
H  F  E  J  Z  H  O  I  N  L  S  K  Z  M  C  O
M  A  M  A  L  I  A  S  N  A  T  A  V  I  U  N
P  R  C  Y  D  C  X  F  L  W  Y  B  T  S  M  I
J  A  P  V  Y  L  Y  G  I  G  J  F  W  U  H  A
A  S  I  S  E  T  N  I  S  O  T  O  F  D  M  H
P  U  B  C  E  U  Z  Q  L  N  W  O  H  X  G  R
```

| | |
|---|---|
| ANATOMI | MUTASI |
| BAKTERI | ALAMI |
| SEL | SARAF |
| KROMOSOM | NEURON |
| KOLAGEN | OSMOSIS |
| EMBRIO | FOTOSINTESIS |
| ENZIM | PROTEIN |
| EVOLUSI | REPTIL |
| HORMON | SIMBIOSIS |
| MAMALIA | SINAPS |

# 32 - Épices

```
H V O O V Q P Y N P A P R I K A
A B X C B V B V V V D M J K Y L
K A P U L A G A A V A D W C L I
N B S N Q H U Q S X L Q N L C C
N E H A J K J V A L I N A V B O
C S D D R K A D M D V S K J A R
E S K A B N B Y W A N I S E W I
M L E S H R Z H U G A R A M A C
U P T I H A P H M H A V U N E
Z J U W W X D B A Q A K A D G G
Z S M N P E S G N L U N T N R N
B F B K G H H J E C A E I F B G
B U A J C F Y U D E M T Y S D C
E P R V I S C B C P I N N N S W
B A W A N G P U T I H I U R Q P
R G V T L Q Z D F I L J K Z O H
```

| | |
|---|---|
| ASAM | JAHE |
| BAWANG PUTIH | PALA |
| PAHIT | BAWANG |
| ANISE | PAPRIKA |
| KAYU MANIS | LADA |
| KAPULAGA | LICORICE |
| KETUMBAR | KUNYIT |
| JINTEN | RASA |
| KARI | GARAM |
| ADAS | VANILA |

# 33 - Agronomie

```
C H Y O B N A G N U K G N I L P
V F F P A E A I C G L R H D B E
H K V N A I N A T R E P T E V N
W W E A M V J I S U L O P N O Y
T B E H P S M I H P B D K T M A
S A Y U R A N L Y P R V Z I S K
W A Q B P A F M O A A F P F D I
N T F M Q E J U P W J V R I B T
A I R U Q R D A I G O L O K E E
N G F T W S N E L I T F D A U S
A R O R P Z L F S E T S U S N I
K E V E P U P U K A B U K I E R
A N A P P J G H P S A U S U R J
M E T S I S I Z H O B N I F O T
M F H Z H A G C N T E X D T S J
P U J U Q M M D V B R S E X I F
```

PERTANIAN
PERTUMBUHAN
AIR
PUPUK
LINGKUNGAN
EKOLOGI
ENERGI
EROSI
BELAJAR
BENIH

IDENTIFIKASI
SAYURAN
PENYAKIT
MAKANAN
POLUSI
PRODUKSI
RISET
PEDESAAN
ILMU
SISTEM

# 34 - Science

```
L S X A O B M O T A F D U K R G
A O T L R A P I S A T I V A R G
U P X A G H E C N R Y B J M K Z
X E O M A A R W L E T P I U I T
A Q T I N N C C P W R I S I A G
Z L B L I K O H L P J A U R W O
G M U K S I B R P T Q D L O C B
D X O I M M A X Q X I C O T Q O
P A V L E I A O B S E R V A S I
A K T R E A N T H N P Z E R I V
R I F A T K A F N C N O M O L E
T S G O P W U B H L Y V E B M G
I I T P V K R L I S O F T A U Y
K F J M L Q V A Y T K C O L W L
E V G B H W Z J B V H C D F A M
L H I P O T E S I S K N E P N F
```

| | |
|---|---|
| ATOM | LABORATORIUM |
| BAHAN KIMIA | METODE |
| IKLIM | MINERAL |
| DATA | MOLEKUL |
| PERCOBAAN | ALAM |
| EVOLUSI | OBSERVASI |
| FAKTA | ORGANISME |
| FOSIL | PARTIKEL |
| GRAVITASI | FISIKA |
| HIPOTESIS | ILMUWAN |

# 35 - Vêtements

```
P U E N X Y X E Y M C O W Y B R
T I N E S U S A J L Q N J G A I
R A Y C P R A O K W E W J M J K
M Y A A X E R W C E L A N A U A
S O I N M Z U K W B M Z D C Z T
G Q D R D A N I S W Q E J Z F P
A T P E J N G T P A M V L M N I
U E Z F E Y T O J E A N S E X N
N O N U E E A P E C X Q Q K C G
G T W T E H N I V I Z D B G O G
K D M H U W G P I Z G M L S V A
A U W P R C A H T J G G U X W N
L T N M O A N I S Y A L S J P G
U K I N K S E P A T U U F V Y D
N M A N T E L A D N A S P L Z I
G S W E T E R L I D G E L A N G
```

| | |
|---|---|
| GELANG | ROK |
| IKAT PINGGANG | MANTEL |
| TOPI | MODE |
| SEPATU | CELANA |
| BAJU | SWETER |
| BLUS | PIYAMA |
| KALUNG | GAUN |
| SYAL | SANDAL |
| SARUNG TANGAN | CELEMEK |
| JEANS | JAS |

# 36 - Arts Visuels

```
K F I T K E P S R E P R A E I J
K O S V C M M E M T L A Y G E Q
E T M L I F P V N Q T E R T O P
R R J P L Z B D I S A G A V J R
A U B E O J Y I L Y I Z K P D C
M T P B X S M K I M L L A Y T Q
I K A P U R I X L C H J H G L K
K E S Y H B L S Z X A O A Z O D
B T Y W U H U C I T N Y M N J N
F I M A P C A G G N A Y N E P B
C S A A F Y Z W N A T X V O V P
R R P Y S O B S U S F A S N P E
H A M P D L T F T I A R T I S N
P E R N I S R O A K Q M L E O A
V B F Y O A X U P U R Y K H J B
A R A N G P Z R B L A I W C U O
```

ARSITEKTUR
TANAH LIAT
ARTIS
KERAMIK
ARANG
MAHAKARYA
PENYANGGA
LILIN
KOMPOSISI
KAPUR

PENSIL
FILM
LUKISAN
PERSPEKTIF
FOTO
POTRET
PATUNG
PENA
PERNIS

# 37 - Méditation

```
H S P S I K A P B A N G U N E P
I T E K A S I H S A Y A N G M I
M O N A A S A I B E K Z L T O K
P B E A Y W G Q W R U K U Y S I
B S R X L A T N E M B I N X I R
C E I P V A P U P T L S S W V A
P R M K V E M R U G J U K F Q N
E V A K E B A I K A N M F I K A
R A A G Y Y J N Z T M A I T Z K
H S N K E J E L A S A N N K N A
A I K E S U N Y I A N C N E Z R
T A R D B O S T E S I Z F P T E
I X R P A Q H H Q Y R P Y S S G
A J X G T T Z Y Z H R I L R R V
N J X Q H L F L Y H X T Y E F U
P E R D A M A I A N E X J P I K
```

PENERIMAAN     KEBIASAAN
PERHATIAN     MENTAL
TENANG     GERAKAN
KEJELASAN     MUSIK
KASIH SAYANG     ALAM
PIKIRAN     OBSERVASI
EMOSI     PERDAMAIAN
BANGUN     PERSPEKTIF
KEBAIKAN     SIKAP
SYUKUR     KESUNYIAN

# 38 - Littérature

```
T  P  P  E  K  S  J  T  O  D  K  E  N  A  P  U
D  E  H  Y  G  A  X  D  J  Y  S  B  U  N  E  T
P  E  M  G  I  J  E  H  I  S  I  U  P  A  N  B
E  J  S  A  H  A  R  O  F  A  T  E  M  L  U  I
R  I  I  K  Y  K  Y  M  P  H  L  C  K  I  L  O
B  T  T  L  R  D  D  P  L  E  V  O  N  S  I  G
A  C  I  S  O  I  G  O  L  A  N  A  G  I  S  R
N  K  U  H  T  S  P  G  I  M  A  Y  M  S  D  A
D  S  P  C  A  K  C  S  B  A  L  A  S  T  T  F
I  F  S  O  R  I  O  Y  I  R  U  G  F  S  H  I
N  C  C  M  A  F  A  B  D  I  P  N  W  D  X  P
G  S  N  W  N  N  R  K  E  R  M  S  Z  Q  U  B
A  O  T  B  I  N  D  Q  G  T  I  K  H  K  U  Z
N  G  T  I  O  J  M  G  A  M  S  S  X  O  S  P
F  F  C  U  W  C  A  L  R  R  E  V  E  G  X  A
Q  D  M  U  M  M  B  T  T  Q  K  N  R  C  H  S
```

| | |
|---|---|
| ANALOGI | METAFORA |
| ANALISIS | NARATOR |
| ANEKDOT | PUISI |
| PENULIS | PUITIS |
| BIOGRAFI | SAJAK |
| PERBANDINGAN | NOVEL |
| KESIMPULAN | IRAMA |
| DESKRIPSI | GAYA |
| DIALOG | TEMA |
| FIKSI | TRAGEDI |

# 39 - Nourriture #1

```
S M A Q A Y U J U S L R G W M A
Q A N M I P I R S B T I N Q O R
N D K S K O P B U A Z K I G H D
U N O D K C O B S W C A G U L A
L O B A K N K B S A I Y A K B H
F C B L N E P A T N M U D K B A
Z O Q A O U V Y R G D M Y Z D I
S F R S M H T A O P I A N H U C
W U B W E U H M B U G N A W A B
E J P Z L S N Q E T R I M K C J
N T E D Z H Y W R I N S F E E R
X P K L X B W Q I H D K N M J H
G V P I A W O R T E L X J A W M
G A R A M I U W S I B C B N A Z
P B Y E T H T O S Z A J E G V I
Y E R H P F Q Y Y V W T I I W E
```

BAWANG PUTIH        LOBAK
KEMANGI             BAWANG
KOPI                JELAI
KAYU MANIS          PIR
WORTEL              SALAD
LEMON               GARAM
BAYAM               SUP
STROBERI            GULA
JUS                 TUNA
SUSU                DAGING

# 40 - Jours et Mois

```
A S Q C N R A B U J U N F J S S
C G E F S M K I U U S O S A E E
J M U P K F Z Y O N A V O N N L
U Z C S T H D M A I B E K U I A
L O M M T E I H W E T M T A N S
I P P S M U M K G U U B O R G A
L X E K C B S B A N O E B I D M
K A L E N D E R E M B R E R A F
L Y G P A N T E B R I X R A Q G
T H V F L M D B T Z M S S U G T
Y Z B H U O H M M A R E T R X G
A U U V B Z J E A P R I L B Q D
M I N G G U W S J U M A T E P A
E F U N G T D E T W Z J C F Z P
U A H O O P W D A J G J K X W Z
W S D X S X N S E V J D B K H R
```

AGUSTUS            SENIN
APRIL              SELASA
KALENDER           MARET
DESEMBER           RABU
MINGGU             BULAN
FEBRUARI           NOVEMBER
JANUARI            OKTOBER
KAMIS              SABTU
JULI               SEPTEMBER
JUNI               JUMAT

# 41 - Entreprise

```
K A R Y A W A N U L S Z I U V Y
P H H W A P P I S A T S E V N I
K E M N J A A F C Y N E K J O P
Z M N N M J B X G X S G J S K E
Q A P D X A R F A D Z N F E S R
T J E E A K I M O N O K E K I U
M I N R Y P K F T O K O T A D S
M K J N A R A G G N A G S N F A
A A U U I X Z T R A R O Z T O H
T N A D B D R I A G I L S O S A
A U L I E X K P M N E J A R F A
U P A J N N U S P A R H S B U N
A S N C U J G R S U Q C X Q A D
N B C D D I K O A E K W V W L C
G T N V J B S M J K A X X H A R
Y T R A N S A K S I G A B Z R Q
```

UANG
TOKO
ANGGARAN
KANTOR
KARIER
BIAYA
MATA UANG
MAJIKAN
KARYAWAN
PERUSAHAAN

EKONOMI
KEUANGAN
PAJAK
INVESTASI
LABA
PENDAPATAN
DISKON
TRANSAKSI
PABRIK
PENJUALAN

# 42 - Activités

```
K E R A M I K S A P W L W F G O
M I N A T S T I H A J U Y O O Y
H R X J F A N H I D C K G T V E
L D L S X S R I W T D I V O H Y
P H C C M K L R G I G S Y G P I
C E K E R A J I N A N A M R P V
H A R V U L V S I C I N R A J H
F R M M N E R C K A C U A F F E
C U Q P A R H Q I B N B K I E Y
I R D E I I I Y H M A E T S I U
Y U P N J N N J B E M K I Z D O
W B N L X I G A V M E R V W Z K
S R Q L B G R N N W M E I P J M
V E K E A H L I A N K B T N M G
K B N A G N A N E S E K A W I X
Q F V I S A E R K E R L S G V F
```

| | |
|---|---|
| AKTIVITAS | PERMAINAN |
| SENI | MEMBACA |
| KERAJINAN | REKREASI |
| CAMPING | SIHIR |
| KERAMIK | LUKISAN |
| BERBURU | MEMANCING |
| KEAHLIAN | FOTOGRAFI |
| JAHIT | KESENANGAN |
| MINAT | HIKING |
| BERKEBUN | RELAKSASI |

# 43 - Mode

```
T  M  I  S  Q  W  P  N  D  N  F  O  P  K  K  X
Z  E  U  B  G  X  H  X  T  J  D  Q  V  O  E  B
U  A  K  G  N  A  J  R  E  T  N  B  E  I  C  O
T  P  H  S  I  T  K  A  R  P  D  L  K  L  E  A
O  A  P  I  T  W  R  L  T  W  Z  X  W  V  N  V
M  K  C  L  H  U  E  O  M  O  D  E  R  N  D  K
B  A  B  A  S  U  R  P  E  L  E  G  A  N  E  A
O  I  U  M  F  S  V  U  N  A  F  U  Z  R  R  I
L  A  T  I  Y  M  E  A  H  U  G  I  T  T  U  N
B  N  I  N  W  G  L  D  O  R  A  U  L  T  N  A
Q  M  K  I  U  N  I  N  E  Q  A  W  A  S  G  M
V  Q  F  M  K  F  L  E  M  R  O  I  H  A  A  A
C  H  I  G  R  K  K  R  F  F  H  A  A  B  N  L
Y  S  V  A  C  K  E  X  G  N  W  A  M  M  F  U
G  R  G  K  Y  C  T  Q  H  I  G  G  N  A  C  S
H  R  O  X  G  A  Y  A  Q  B  N  A  M  A  Y  N
```

| | |
|---|---|
| TERJANGKAU | SEDERHANA |
| BUTIK | POLA |
| TOMBOL | ASLI |
| SULAMAN | PRAKTIS |
| MAHAL | CANGGIH |
| NYAMAN | GAYA |
| RENDA | KECENDERUNGAN |
| ELEGAN | TEKSTUR |
| MINIMALIS | KAIN |
| MODERN | PAKAIAN |

# 44 - Fleurs

```
A K I O M V X H A I R E M U L P
U V B W Y S X P I N M I H B G M
D G C Y X V Q Q O B G V W V R A
G K T U L I P N S P I G H L Y G
L A V E N D E R E D P S R S J N
M P I E C D L M M A D Y C E D O
B O L I L Y I E A N N S S U K L
I L D R T D L L N D J I N V S I
M E A Z C I A A G E U A N C Z A
A K F L A K C T G L R D E U P R
W Q F T M M G I I I B U K E T V
A G O Q I H U F A O G K H W A E
R W D R E W O L F N O I S S A P
U K I Q Q D L B D Y N T Z D L B
A B L C Q A G M A X O J O C Q E
G A R D E N I A P E O N Y B E I
```

BUKET                  ANGGREK
GARDENIA               PASSIONFLOWER
HIBISCUS               POPPY
MELATI                 KELOPAK
DAFFODIL               DANDELION
LAVENDER               PEONY
LILAC                  PLUMERIA
LILY                   MAWAR
MAGNOLIA               SEMANGGI
DAISY                  TULIP

# 45 - Nourriture #2

```
A  N  I  Y  V  J  P  A  B  G  A  H  T  P  S  B
I  N  G  U  P  P  A  K  W  G  L  U  T  S  D  R
T  V  L  V  S  L  A  M  D  N  N  E  A  S  P  O
C  S  J  P  Q  L  K  U  U  I  M  Q  B  Q  O  K
T  Q  R  S  K  I  V  D  E  R  U  G  G  N  A  O
C  P  E  W  H  V  M  N  A  A  I  P  N  I  O  L
L  S  I  M  V  S  J  A  Y  Q  D  O  A  U  M  I
Q  Q  W  D  I  E  G  G  D  K  W  X  S  D  T  S
T  E  M  J  O  L  I  C  I  T  O  R  I  Z  C  A
E  A  Z  X  G  E  O  P  Q  W  E  U  P  P  R  N
L  N  L  U  Y  D  U  L  C  G  I  R  E  C  I  T
U  W  O  K  E  R  T  D  L  P  D  N  O  M  L  A
R  K  D  D  O  I  A  K  A  Y  A  G  G  N  A  M
H  A  M  H  X  C  N  R  P  X  M  A  Y  A  G  O
J  I  B  V  J  M  F  G  E  H  M  C  Y  K  U  T
C  N  A  P  K  Y  F  I  L  F  E  I  W  I  K  C
```

| | |
|---|---|
| ALMOND | KIWI |
| TERONG | MANGGA |
| PISANG | TELUR |
| GANDUM | ROTI |
| BROKOLI | IKAN |
| CERI | APEL |
| SELEDRI | AYAM |
| JAMUR | ANGGUR |
| COKLAT | NASI |
| HAM | TOMAT |

# 46 - Algèbre

```
E F H F L L P W S C X Z E L O N
G N A G N A R U G N E P M I S Y
X Y L K U H F N Z F V W Y N D I
H S M V T N O F T Z G D R E F E
X L U C S O K U R U N G U A H J
D Y J D S Z R H M T K D M R L X
K U A N T I T A S A J O U J K K
P E R S A M A A N H S Z S U K H
B M T A N B Q D S O N A L J J B
T A K T E R B A T A S O L G X A
C R E G N S O L U S I J M A M L
D G E Z O M A T R I K S W O H T
S A N W P S A L A H K E U B R D
M I O Y S V A R I A B E L H Y Z
D D M S K G R A F I K I R X N B
A Y S N E T F R A K S I Z X F H
```

DIAGRAM
EKSPONEN
PERSAMAAN
FAKTOR
SALAH
RUMUS
FRAKSI
GRAFIK
TAK TERBATAS
LINEAR

MATRIKS
NOMOR
KURUNG
MASALAH
KUANTITAS
SOLUSI
JUMLAH
PENGURANGAN
VARIABEL
NOL

# 47 - Océan

```
A W L E K E P I T I N G E O X X
G A R A M G F A I L A N O C L B
R Y I Y J V M D T C K A B N A Q
U O K B K F L A B P I D A I Z E
T U L E B M W B M A E U N Z L P
U U I H V F P D G U X D U U S D
R S N O P S N Q N S A Z X K I F
J U A A B M U L A B M U L X R L
N B M G S A T I R U G H C A H W
Z M L P F R P G A A F A L T D K
Q U Z C U I G R K M P R T P N C
T R I M H T O M B A K E L K X R
O E U U X P L T F S F P N G G Q N
E T U L X K L A G Q W Q V Y L C
H L J E F F X R U B U R U B U F
S P M E X R V F M T U F N A Y R
```

RUMPUT LAUT          UBUR-UBUR
BELUT                IKAN
PAUS                 GURITA
PERAHU               HIU
KARANG               TERUMBU
KEPITING             GARAM
UDANG                BADAI
LUMBA-LUMBA          TUNA
SPONS                PENYU
TIRAM                OMBAK

# 48 - Remplir

```
O O C U P S Z S E J L A C I Q K
R B U L M E E Q U L S A V I X E
V Y J K N O T R A K A P A L E R
T A B U N G E I K O T A K E L A
J W C W N T K M X G U H G R X N
D J B L Z L A E F S L F J A J J
B A S K O M P I A S U Q F B B A
Z T L B M T K T R M F D Y P S N
S L C E M H O A Y H O E D V A G
B A K I A F N B C T T G R W K T
H D V X P M F B X G J Z D S U M
E O O X W D Q A H Y N B L D G V
M G Q S U Z T R P M C L P Q T M
A M P L O P J K Z P J N E B A V
U E M B E R E P O K A C N U F K
F B C C N Q X F L L R M H H U M
```

BAREL
BASKOM
KOTAK
BOTOL
PETI
KARTON
MAP
AMPLOP
KAPAL
KERANJANG

PAKET
BAKI
SAKU
JAR
TAS
EMBER
LACI
TABUNG
KOPER
VAS

# 49 - Antiquités

```
G N U T A P T Q E D P L E P H V
M A S A I B K A D I T Y W N Q L
W S L E B E M V A P G X C D F U
S S H E H G H U X R U Z D F R K
I E G A R R E S T O R A S I I I
N M N F R I P E R H I A S A N S
V D A I R S A T I L A U K Y I A
E C L T X A Y L Q Z S T V A O N
S O E A U Y Z I I L L U V G K A
T I L R H A R G A N I A Z Q A G
A B P O N M U K V O I W A Q I E
S Z H K F V Y F U E Y G H Y L L
I S I E M D T R J D W Q H F C E
D H E D A B A U L Z Y A W Q E X
S K N U F Q F R Q D A E M Z B G
M D L T E B D X X C F D A L M V
```

| | |
|---|---|
| SENI | LUKISAN |
| ASLI | KOIN |
| PERHIASAN | HARGA |
| DEKORATIF | KUALITAS |
| LELANG | RESTORASI |
| ELEGAN | PATUNG |
| GALERI | ABAD |
| TIDAK BIASA | GAYA |
| INVESTASI | NILAI |
| MEBEL | TUA |

# 50 - Boxe

```
T A L I S A R U N G T A N G A N
M A N L U P E M U L I H A N Q I
T E L H K S U D U T Z V Q P Y Z
I J N I O G K G N A I L H A E K
N B I E F X I Z A G I N A G B S
J I O M N Q S T W D H B L O Y H
U W P Z N D Y V A X M F E D A H
W A S I T T A X L F I S L E H R
K D H H X T F N A G L L B G P B
X E V U P K O Y G Z T G R N E T
Q I K I B Z W S N C E P A T J U
W M Q U X C Z C E T V U U K U B
P H K T A Y T Y C I L Y F O A U
S I H V U T D Y N D Z N R M N H
K V N J Y H A H O S J N V O G D
A P E X Z J T N L U S Z I V K J
```

| | |
|---|---|
| LAWAN | MENENDANG |
| WASIT | LELAH |
| LONCENG | KEKUATAN |
| SUDUT | SARUNG TANGAN |
| PEJUANG | DAGU |
| KEAHLIAN | TINJU |
| FOKUS | POIN |
| TALI | CEPAT |
| TUBUH | PEMULIHAN |
| SIKU | |

# 51 - Réchauffement Climatique

```
P  I  O  M  Z  Y  N  Q  V  W  W  H  U  L  B  Z
U  E  Y  B  B  A  M  X  W  C  F  R  X  M  V  M
C  E  M  H  A  B  I  T  A  T  D  T  I  T  X  A
A  N  L  B  H  J  Q  K  I  R  T  S  U  D  N  I
R  E  E  L  A  N  O  I  S  A  N  R  E  T  N  I
K  R  G  S  T  N  J  W  A  T  L  S  N  K  P  S
T  G  I  E  N  A  G  M  R  A  V  W  A  Q  E  A
I  I  S  K  I  P  S  U  E  D  O  G  G  G  R  L
K  C  L  A  R  E  A  C  N  N  I  D  N  A  H  U
T  N  A  R  E  D  N  H  E  A  X  H  U  L  A  P
O  R  S  A  M  A  B  E  G  Z  N  B  K  P  T  O
U  R  I  N  E  S  I  S  I  R  K  R  G  N  I  P
M  Y  Q  G  P  A  I  L  M  U  W  A  N  J  A  B
S  U  H  U  A  M  I  L  K  I  K  G  I  D  N  X
D  Y  O  Q  I  X  E  U  F  W  W  K  L  G  B  L
N  R  G  S  T  H  B  Z  A  D  A  T  B  Z  P  U
```

| | |
|---|---|
| ARKTIK | GENERASI |
| PERHATIAN | PEMERINTAH |
| IKLIM | HABITAT |
| KRISIS | INDUSTRI |
| PEMBANGUNAN | INTERNASIONAL |
| DATA | LEGISLASI |
| LINGKUNGAN | SEKARANG |
| ENERGI | POPULASI |
| MASA DEPAN | ILMUWAN |
| GAS | SUHU |

# 52 - Ballet

```
X H Q P B V A M G B R W O V K T
Z M U S I K T P N A M A R I E E
K O I E K I Y K L H Y K Z C A K
O L O S M I O I M O P A M P H N
R S A N H E A R T I S T I K L I
E A F B K G L A T I H A N N I K
O T Z F R Z A N H P I M U A A D
G I Y B W L R E Q I C K G M N H
R S P I A E T P G R Y X G N G A
A N I R X L S P U O L M N Y P D
F E M K R H E Y H A F R A E E I
I T P G A J K R E S O P M O K R
S N L M O P R C I W N C L Z M I
W I L M L C O K S N N T Z X U N
E K S P R E S I F L A O T O T R
J T E P U K T A N G A N E F A N
```

TEPUK TANGAN          INTENSITAS
ARTISTIK              OTOT
BALERINA              MUSIK
KOREOGRAFI            ORKESTRA
KEAHLIAN              HADIRIN
KOMPOSER              LATIHAN
PENARI                IRAMA
EKSPRESIF             SOLO
SIKAP                 GAYA
ANGGUN                TEKNIK

# 53 - Fruit

```
D  J  D  J  Z  V  F  N  I  L  I  L  O  T  O  H
T  N  A  I  L  S  L  P  T  V  K  X  E  M  D  F
A  R  A  V  F  J  R  X  E  A  P  E  L  J  H  K
K  R  F  V  P  A  S  T  S  P  P  D  C  R  W  Q
U  B  M  A  J  G  S  V  O  I  N  F  S  M  K  C
P  X  X  A  Y  A  P  E  P  R  X  S  H  S  O  V
L  D  N  K  N  O  M  E  L  S  J  J  X  A  T  R
A  X  X  Z  K  G  N  E  C  T  A  R  I  N  E  A
I  G  J  H  I  S  G  N  A  S  I  P  C  A  O  S
T  M  Y  E  S  F  I  A  K  I  W  I  Q  N  Y  P
S  H  W  M  R  U  G  G  N  A  N  A  C  S  D  B
U  B  L  G  E  U  I  Y  O  Y  W  L  E  S  H  E
N  F  E  I  P  L  K  H  H  R  Z  O  R  S  T  R
P  Q  R  F  E  T  O  K  I  R  P  A  I  C  X  R
D  U  H  T  O  T  V  N  U  E  O  S  T  G  A  Y
S  U  U  K  Z  S  G  K  X  B  C  U  M  A  Z  C
```

| | |
|---|---|
| APRIKOT | KIWI |
| NANAS | MANGGA |
| ALPUKAT | MELON |
| BERRY | NECTARINE |
| PISANG | JERUK |
| CERI | PEPAYA |
| LEMON | PERSIK |
| ARA | PIR |
| RASPBERRY | APEL |
| JAMBU | ANGGUR |

# 54 - Musique

```
H M U B L A M J V O V C F J B N
H T U M G F W U A V A A A L A T
D R V S R R D J S Z R M N A H J
Q S Q I I C D O K I S A L K A G
T E M P O K P N R Y S R K O R B
I R A M A O A V A N N I V V M B
B O K O X S A L R A M R K F O A
D L E C I A E G I Y V E V D N L
I U Y H G E U S O N M B L N I A
P E N Y A N Y I D E I H W O H D
E V A C O I Z R Z M K B L F D A
W C M W J M O I W S A F H O E I
W P A Y B D P L O P E R A R E A
J Y K I N O M R A H P J B K C V
G K E P U I T I S N K T K I V F
V B R K E J X Q H S A A M M Q Q
```

ALBUM                    MELODI
BALADA                   MIKROFON
MENYANYI                 MUSIKAL
PENYANYI                 MUSISI
KLASIK                   OPERA
REKAMAN                  PUITIS
HARMONI                  IRAMA
HARMONIK                 BERIRAMA
ALAT                     TEMPO
LIRIS                    VOKAL

# 55 - Météo

```
S S D P L S U T K P U U B R R K
Y Q R D E E U F D A F M M G C A
J A S F A L B H O M H Y I L B I
I W O I A D A B U T U K N U A F
T A G X L I B N I G N A V Q N H
T N Y A A X M A G M R Q B C J P
U E K J T W E G S I P O R T I U
B Y N V D S L N F L C D M I R N
A F X A J E A I S K D A U G G S
K U D N N C K R V I F N S N G U
M H N S I G D E Y F Y R I A U A
R Z R U Y N Y K Q E F O M L N S
M T K R J I R E O F D T O V T A
I D D G T R D K S D R T J W U N
C F X S F E C U O Q Q J Z K R A
L Z I D R K E X T J F U Q K R Q
```

| | |
|---|---|
| PELANGI | AWAN |
| SUASANA | KUTUB |
| KABUT | KERING |
| TENANG | KEKERINGAN |
| LANGIT | SUHU |
| IKLIM | BADAI |
| ES | GUNTUR |
| LEMBAB | TORNADO |
| BANJIR | TROPIS |
| MUSIM | ANGIN |

# 56 - L'Entreprise

```
V U K N A N I K G N U M E K M B
R E U R G I K O R P R O D U K I
P A L R I V X U K E V M J T F S
L Q J B S Q Q A E I A H X X Z N
E D I I A L C O P K S T Z E U I
R E P U T A S I U V S I I A U S
K G A Y S B A S T N P Y R F T D
I U Y G E O N Q U D L J N J T P
N S A C V L H K S Y P E C F H T
O J D L N G F N A A J R E K E P
V R R X I B I E N A U J A M E K
A X E E U T I R T S U D N I L X
T P B X O N A T A P A D N E P O
I P M D N M K S U N I T T T W Y
F P U P R E S E N T A S I Z Z V
D W S P R O F E S I O N A L T T
```

| | |
|---|---|
| BISNIS | PRODUK |
| KREATIF | PROFESIONAL |
| KEPUTUSAN | KEMAJUAN |
| PEKERJAAN | KUALITAS |
| GLOBAL | SUMBER DAYA |
| INDUSTRI | PENDAPATAN |
| INOVATIF | REPUTASI |
| INVESTASI | RISIKO |
| KEMUNGKINAN | TREN |
| PRESENTASI | UNIT |

# 57 - Gouvernement

```
I V X M K E S J R H G C T N K D
P L A B P B A A F K A H E A E E
K O D I S T R I K O A R N W S M
E B L J K N A O A N H H A B E O
M M A I Y A G L H S A Q N R T K
E I N P T L E Q X T G Q G S A R
R S O W R I N T P I O N H P R A
D R I D E D K C N T P U A I A S
E O S A B A N E M U N O M B A I
K M A L I E M R L S S P U Z N B
A X N Y L K A G M I S U K S I D
A P E R A D I L A N P D U F H N
N H Y P I D A T O Z W I H L O M
V B W N M S K R M W S H S H R F
D T J N W U Q V X B F X X M Q I
U Q A M H E E M O O J T G L K X
```

SIPIL
KONSTITUSI
DEMOKRASI
PIDATO
DISKUSI
DISTRIK
HAK
KESETARAAN
NEGARA
KEMERDEKAAN

PERADILAN
KEADILAN
LIBERTY
HUKUM
MONUMEN
BANGSA
NASIONAL
TENANG
POLITIK
SIMBOL

# 58 - Randonnée

```
T  K  P  Y  U  Y  J  W  A  K  B  P  G  F  P  S
Q  A  F  B  D  F  K  P  Z  X  Q  E  I  K  F  E
F  R  M  G  G  G  V  B  N  G  X  R  M  S  R  P
B  I  I  A  Q  N  A  K  R  A  J  S  A  M  H  A
D  I  N  Q  N  I  C  M  I  L  K  I  L  X  X  T
G  S  N  K  N  B  E  R  A  T  F  A  E  C  B  U
B  A  T  A  T  E  P  A  C  L  Z  P  L  A  A  B
G  T  E  H  T  T  L  I  A  G  A  A  A  M  T  O
U  N  Y  N  Q  A  X  L  U  E  P  N  H  P  U  T
N  E  N  N  U  W  N  N  C  O  U  A  Q  I  Q  U
U  I  A  E  T  U  A  G  E  W  N  U  U  N  N  X
N  R  M  A  T  A  H  A  R  I  C  D  Q  G  Q  R
G  O  Q  A  P  J  G  G  H  L  A  N  L  P  L  E
A  U  L  K  U  H  I  G  T  J  K  A  H  F  Y  U
C  R  C  A  Q  K  J  D  G  B  U  P  D  N  J  P
W  N  T  G  V  A  Y  C  B  O  N  Z  J  N  G  G
```

| | |
|---|---|
| BINATANG | CUACA |
| SEPATU BOT | GUNUNG |
| CAMPING | ALAM |
| PETA | ORIENTASI |
| IKLIM | TAMAN |
| AIR | BATU |
| TEBING | PERSIAPAN |
| LELAH | LIAR |
| PANDUAN | MATAHARI |
| BERAT | PUNCAK |

# 59 - Nutrition

```
A I Z K O E Z S L O G M T K B P
K N V N N I M A T I V A R A Z B
K A A Z X D E U C A I R A N D W
A T L J L R H S L D N E C G W Z
R A K O C R U L L I U V C J K T
B H U A R N P T U E C R T F E T
O E A X I W A A T A R E B Q O
H S L C R E M P A H R E M P A H
I E I S A T N E M R E F P S O Y
D K T R N O I T O R C S A E C J
R N A A N R E C N E P S H I W N
A U S O N P N O W S K X I M J X
T N A F S U M A K A N X T B I R
G Z D S J D E Q N O I W A A C A
B I S A D I M A K A N D N N C S
U J B O G N B H S D A L Y G Q A
```

PAHIT
NAFSU MAKAN
KALORI
BISA DIMAKAN
DIET
PENCERNAAN
REMPAH-REMPAH
SEIMBANG
FERMENTASI
KARBOHIDRAT

CAIRAN
BERAT
PROTEIN
KUALITAS
SEHAT
KESEHATAN
SAUS
RASA
RACUN
VITAMIN

# 60 - Créativité

```
K I T S I T R A K I F C D W L T
R N A I L H A E K N L Q A H W A
S T G Q M X R D L S U M Y T J X
I E Q Q N H B I F P I F A S G R
N N A S E K Z J T I D T H J V K
T S I T A M A R D R I T I D H E
U I S E R P S K E A T S D I K J
I T I E O K V A D S A A U N E E
S A V Z N H P O C I S H P V A L
I S O M E S Q K I M J A B E S A
O C E J J E A G A M B A R N L S
W D S R M U E S R M S D Z T I A
S P O N T A N P I Z J W K I A N
D H C I I M A J I N A S I F N B
A Q S L K M D X P B H U X I U V
A I Y V L D C J V C A D S B D M
```

ARTISTIK

KEASLIAN

KEJELASAN

KEAHLIAN

DRAMATIS

EKSPRESI

EMOSI

FLUIDITAS

IDE

GAMBAR

IMAJINASI

KESAN

INSPIRASI

INTENSITAS

INTUISI

INVENTIF

SENSASI

SPONTAN

VISI

DAYA HIDUP

# 61 - Science Fiction

```
B D B K O V P S O Z D E L K I I
G A L A K S I S U L I U K T N M
K A K G S F B X P L P B N K D A
S I T S A T N A F A A G P I F J
K I E K S T R E M R V P N L A I
E P A A T O M L E D A K A N I N
N T L P Q U T O P I A O H G H E
A E N A I S F P S V Q N I X K R
R K G B N G J O I V W Z A P P A
I N A I B E F U T U R I S T I K
O O I O Q L T K S O K F N A M D
Z L B S Y C N U I Q B K S W H M
K O V K Z A Z B L N V O C Q I C
X G E O V R O M A K H Z R S I X
X I I P L O J N E V L R E B M C
R Q I B C S O Z R O S Z M G U K
```

ATOM
BIOSKOP
LEDAKAN
EKSTREM
FANTASTIS
API
FUTURISTIK
GALAKSI
ILUSI
IMAJINER

BUKU
DUNIA
GAIB
ORACLE
PLANET
REALISTIS
ROBOT
SKENARIO
TEKNOLOGI
UTOPIA

# 62 - Professions #1

```
T  P  U  R  N  A  S  A  I  H  R  E  P  H  L  E
O  R  M  Y  I  R  R  I  K  N  A  B  S  N  H  G
P  N  U  D  Z  R  E  T  K  O  D  J  X  X  F  N
W  D  D  G  Y  A  F  U  I  Q  P  X  N  D  F  E
M  U  S  I  S  I  A  R  A  S  E  B  A  T  U  D
I  D  A  G  B  W  R  K  U  I  N  H  W  H  N  E
W  T  Y  O  I  G  G  K  B  N  A  U  U  D  V  L
Y  S  U  L  N  U  O  Z  F  A  R  N  M  Y  B  G
P  L  M  O  M  C  T  L  V  I  I  T  L  J  P  N
N  H  O  E  R  R  R  N  O  P  K  E  I  P  E  A
P  E  N  G  A  C  A  R  A  K  X  R  F  E  R  K
W  N  O  I  H  Y  K  O  Z  A  I  O  P  L  A  U
C  I  R  L  E  I  Z  T  M  P  B  S  T  A  W  T
M  F  T  H  P  F  W  I  N  T  F  U  P  T  A  R
R  B  S  A  T  J  T  D  D  R  L  A  X  I  T  Q
Q  N  A  W  E  H  R  E  T  K  O  D  Y  H  Y  A
```

| | |
|---|---|
| DUTA BESAR | EDITOR |
| ARTIS | AHLI GEOLOGI |
| ASTRONOM | PERAWAT |
| PENGACARA | DOKTER |
| BANKIR | MUSISI |
| PERHIASAN | PIANIS |
| KARTOGRAFER | TUKANG LEDENG |
| HUNTER | PSIKOLOG |
| PENARI | ILMUWAN |
| PELATIH | DOKTER HEWAN |

# 63 - Géologie

```
L E V I N I O K A R A N G K P S
U Y B U C H I L U W E N J R G J
S G I Q U G S J G L A R E N I M
G U N U N G B E R A P I O N L L
M K I B M V W O G T L A S S L A
C G U K W X Q N J S A C T Q I H
E L E A B A T U Q I P V A H S A
V A L Y R W Q X Y R I R L W O R
A T R D S S M M T K S K A Y F B
R A H I C E A N O Z A N K U C E
E Z G H X J R U S K N I T I W N
G A C Q Q W A P A Y J T I T E U
D S U V Q J G J Q L K L T J V A
G A S T A L A G M I T Y W J R C
Z M U I S L A K V X V E C T F S
W P Z O N F X O N P L F B V R Y
```

ASAM
KALSIUM
GUA
BENUA
KARANG
LAPISAN
KRISTAL
EROSI
CAIR
FOSIL

GEYSER
LAHAR
MINERAL
BATU
KUARSA
GARAM
STALAKTIT
STALAGMIT
GUNUNG BERAPI
ZONA

# 64 - Jardin

```
S Y J Y K A F G K J C L S A X O
A E O Z V H K P V E S U R O U R
R H K N Y L P Z F A E C C O E C
E Z N O U B C Q L Q L S P M K H
T A S P P X M Q I H A N A T G A
R A D N A R E B S W N P U P E R
A S K O Y A S Y A U G Q T B D D
M E R H N A F R R K A F A Y E L
P M Z O E W R Q A G N U B B J K
O A V P M C N M G N Y R A Y E K
L K I D A P G I P A G A R N P J
I A N T L F K F P B M U B X J R
N P E R O R U M P U T L A W X Z
Z V F F K G N Q K K Q D U V H B
E P C D N S R Y Q O O Y X G J R
X A Q N U N S U Y H O Z X L N O
```

| | |
|---|---|
| POHON | SEKOP |
| BANGKU | BERANDA |
| SEMAK | MENYAPU |
| PAGAR | BATU |
| KOLAM | TANAH |
| BUNGA | TERAS |
| GARASI | TRAMPOLIN |
| RUMPUT | SELANG |
| KEBUN | ORCHARD |
| GULMA | VINE |

# 65 - Santé et Bien Être #1

```
O E D I V D S Q M O N H H J P W
M Y L T O T O U K L L C A Z E A
J Z O U A K T I F H T T E E N F
X P T L P A T A H V I R U S G A
V P M A R E D E C T S B M O O R
S E V N Z T E R A P I A I B B M
K I G G N I T F K K Q K I D A A
I E K T V L Y P I P G T V H T S
N H L A M U V S B B V E A L A I
I P P A P K X R G J U R H B N H
L S N C P A U K V M U I W V O O
K M D S Q A K E B I A S A A N R
D O K T E R R R E F L E K S F M
A L T V A U U A X B G F U V N O
F L C F W X V I N K U T D U L N
G D Y I G M E O E G U H Z C R V
```

| | |
|---|---|
| AKTIF | OBAT |
| BAKTERI | OTOT |
| CEDERA | TULANG |
| KLINIK | KULIT |
| KELAPARAN | FARMASI |
| PATAH | SIKAP |
| KEBIASAAN | REFLEKS |
| TINGGI | TERAPI |
| HORMON | PENGOBATAN |
| DOKTER | VIRUS |

# 66 - Barbecues

```
X Z A M M F G T G N U N I N K A
U Q V X A A H S H F T O A O E I
N W G A U N H T A M O T X N L H
S R Q K R A W P U U A S I P U A
W E S I L K Y B B O S C A E A C
M U S I M P A N A S F M M B R B
A S X N A F I X N N E C Q J G O
D M A L A M N A K A M G K K A Y
S A Y U R A N A N I A M R E P U
J R L X F K Y M N H B T W L Q S
B A W A N G N R E A Y A M A L N
L G W F S T M U S I K I D P M R
I M A K A N S I A N G R M A R L
D L G R I L L E N F K B P R L V
I K L T U D R E A C W E T A T A
N Q D E D G U F P Y K I D N C C
```

PANAS
PISAU
MAKAN SIANG
MAKAN MALAM
ANAK
MUSIM PANAS
KELAPARAN
KELUARGA
BUAH
GRILL

PERMAINAN
SAYURAN
MUSIK
BAWANG
LADA
AYAM
SALAD
SAUS
GARAM
TOMAT

# 67 - Ferme #1

```
S  B  B  Z  L  B  H  H  B  X  T  W  P  N  L  N
A  X  Q  A  J  O  I  T  E  K  R  O  D  N  H  V
P  N  O  S  I  B  J  B  T  G  L  Q  Y  B  B  F
I  A  D  E  L  E  K  H  I  X  C  D  X  T  U  V
M  N  V  F  B  A  A  R  S  R  L  O  Z  I  R  B
A  A  T  A  Z  V  G  N  A  Y  A  S  A  R  E  I
R  W  Y  J  R  L  A  E  Y  L  N  Y  E  C  N  D
E  A  B  A  J  M  G  I  X  W  E  A  B  F  H  A
J  K  P  E  R  T  A  N  I  A  N  B  S  T  I  N
K  T  O  Q  A  I  F  T  R  L  Y  Z  A  I  C  G
N  J  U  T  G  J  K  A  M  B  I  N  G  H  O  N
D  F  B  C  A  T  I  S  J  X  J  V  N  R  T  I
K  U  D  A  P  B  Q  N  G  G  O  F  I  M  I  J
F  X  U  B  O  P  U  P  U  K  M  W  C  A  U  N
N  Z  K  Q  O  N  U  Y  X  U  F  H  U  I  F  A
U  M  V  O  C  P  A  I  V  P  Z  E  K  R  O  A
```

| | |
|---|---|
| LEBAH | GAGAK |
| PERTANIAN | AIR |
| KELEDAI | PUPUK |
| BISON | JERAMI |
| BIDANG | SAYANG |
| KUCING | AYAM |
| KUDA | NASI |
| KAMBING | KAWANAN |
| ANJING | SAPI |
| PAGAR | BETIS |

# 68 - Escalade

```
M K S B V G H B J U T K I S I F
E E N E H D E Q C X A J L A M F
D I S Q M N L W G E N I H R U P
A N R K R P M F I H T U A U D G
N G P C L L I B H I A A P N G W
B I M G P W D T Y K N A U G H K
O N A T A U K E K I G F A T E P
U T L G D W R A W N A C N A A A
U A R E D E C X M G N D A N F T
S H S T A B I L I T A S S G U Q
X U S E P A T U B O T Y A A V F
N A H I T A L E P A B S U N H L
J N K E T I N G G I A N S X Z U
B K X I Z P A N D U A N T D N A
P C G F W B X P J E R Y F Z J L
Y P M G S F K S A G C D B P T F
```

KETINGGIAN
SUASANA
CEDERA
SEPATU BOT
PETA
HELM
KEINGINTAHUAN
TANTANGAN
AHLI
SEMPIT

KEKUATAN
PELATIHAN
SARUNG TANGAN
GUA
PANDUAN
FISIK
HIKING
STABILITAS
MEDAN

# 69 - Café

```
A M V L D D W Q H J H A O X T S
R I A D B L R Y Y T I R P I Z X
A L U G U H V A R I A S I A L K
S K E W B A M W L H E L U I G R
A M A S A R S P A N G G A N G I
F E U F A G U F G X K I V L Z K
S N S K E A S V F T W N Q E V G
I G S F V I U B S I A D F U T N
G G W I K B N A M U N I M U H A
Q I M S O K F U A R F U F Z C C
U L B E Y A S E T I H A P Y S A
V I Z K R I M T I U I L C U A A
P N O P R W A A H A R O M A R W
E G H R Q O S G S E V W N R I Y
E M K N I Z A Q T A C A I R N G
L E B Q S I B N A W L I H J G N
```

| | |
|---|---|
| ASAM | PAGI |
| PAHIT | MENGGILING |
| AROMA | HITAM |
| MINUMAN | ASAL |
| KAFEIN | HARGA |
| KRIM | PANGGANG |
| AIR | RASA |
| SARING | GULA |
| SUSU | CANGKIR |
| CAIR | VARIASI |

# 70 - Antarctique

```
T P J G X W L K R Z P F M L B V
R E V I P A Q I T I L E N E P G
O K L S K P D S N K Z N F E Z X
C O C U Z U O A F G W L B O E A
K N D A K L T R I A K W I B R C
Y S T P J A F G B K O U H U S G
G E P I U U X I R U E H N U S N
E R U L Z T M M W B R X H G H U
O V J U N W I A K P E U V F A J
G A U N E B N J E S S P N I I N
R S H Q T Q E R R H T I Q G M A
A I V I I Y R Y M G E T A H L N
F Q M E X I A L D M L T C Y I E
I O W M E B L L U D G H E Q D M
F P E S K S Z I S I D E P S K E
T O P O G R A F I Q K F W N D S
```

| | |
|---|---|
| TELUK | GLETSER |
| PAUS | PULAU |
| PENELITI | MIGRASI |
| KONSERVASI | MINERAL |
| BENUA | BURUNG |
| AIR | SEMENANJUNG |
| LINGKUNGAN | ROCKY |
| EKSPEDISI | ILMIAH |
| GEOGRAFI | SUHU |
| ES | TOPOGRAFI |

# 71 - Professions #2

```
P A T U K A N G K E B U N Z F W
P E H W F I L S U F Z Z S L M A
X E N L G U R U B Y X Z F Q F R
A Y L E I G I G R E T K O D I T
N Z I U M B V A S T R O N O T A
U R O G K U E D O K T E R A K W
T A S M O I G D N U O V E H E A
S F I Q R T S Q A E L F F L T N
L E Y S Z Z V L W H I S A I E Y
P E N E L I T I A Y P R R B D Z
I S C I N F S E K X C V G A C O
Y U A Y T P C Y A F R W O H A O
Q S P S K H J B T O F K T A R L
W Z R O T A R T S U L I O S T O
G O X O E M B N U V Z N F A B G
I N S I N Y U R P D U X O L M I
```

ASTRONOT
PUSTAKAWAN
PENELITI
AHLI BEDAH
DOKTER GIGI
DETEKTIF
GURU
ILUSTRATOR
INSINYUR
PENEMU

TUKANG KEBUN
WARTAWAN
AHLI BAHASA
DOKTER
PELUKIS
FILSUF
FOTOGRAFER
PILOT
ZOOLOGI

# 72 - Les Abeilles

```
N D W V F D S B U N G A I H X S
A R Q K X X E W B Q U A P Q N H
D A J T A M R K C T O B S Y Q L
D T Y Y G E B R G A X W E A E X
P U X R G K U M E N T I B K P D
A E N A N A K A M A S A R A N G
Y M R Z A R S S V M L I L I N E
A A W B R L A L F A A N K H U N
S T Y K E J R I G N A Y A S I S
K A B J S D I U W H J P Q D P G
A H U G X J A E K O S I S T E M
W A A G X U O A S X V I O N U D
A R H Y N U L C N Q X A P P S M
N I J Q U F Y G H A B I T A T H
A B E R M A N F A A T X T T S G
N S M M V Q K Z S P Z L Q N V T
```

SAYAP
BERMANFAAT
LILIN
PERBEDAAN
KAWANAN
EKOSISTEM
MEKAR
BUNGA
BUAH
ASAP

HABITAT
SERANGGA
KEBUN
SAYANG
MAKANAN
TANAMAN
SERBUK SARI
RATU
SARANG
MATAHARI

# 73 - Santé et Bien Être #2

```
D E H I D R A S I H K H A Q G B
W M I K Y X S T R E S A S K C E
S T D B E K F B F W W R L W Q R
T G L O C S F J U Y A A T O Q A
N A K A M U S F A N L D U E R T
G K R P B B T A Z Y E B B G X I
I I T A H E S W S I R E U O N Q
N T Z I I A J X V F G G H T O X
F E N I K F U M Q N I M A T I V
E N I X F A N A T O M I V A U W
K E I K G L S P E N Y A K I T E
S G Z J T N A H I S R E B E K O
I Q V L L W W N A H I L U M E P
J V Y V X C Z R Y M Y L X T V O
P I J A T U P P C W U R U R M H
E N E R G I U H S G B R Q H A C
```

| | |
|---|---|
| ALERGI | INFEKSI |
| ANATOMI | PENYAKIT |
| NAFSU MAKAN | PIJAT |
| KALORI | GIZI |
| TUBUH | BERAT |
| DEHIDRASI | PEMULIHAN |
| ENERGI | SEHAT |
| GENETIKA | DARAH |
| RUMAH SAKIT | STRES |
| KEBERSIHAN | VITAMIN |

# 74 - Conduite

```
T B O J K B K L P T N J B K L B
E R V B B Q E A E R V K A E I B
H W U Z E X C L J A G A H C S A
G A S K Q K E U A N H R A E E H
S H X D E P L L S M R Y P N A A
G E R Z Y E A I A P L F A A S N
R K P L F G K N O L P Z T I B
N E H E U I A T K R R E M A N A
P A Z R D S A A A T O G J N Y K
O M E E T A N S K A P E T A F A
L A J L X R M D I S J A L A N R
I N C K B A L O M I M O T O R M
S A Z R I G O J T O F P J N M F
I N M N M T B Z O O B X Q X G A
T E R O W O N G A N R I U X Q X
O B E M S L N Y W L O S L F S M
```

| | |
|---|---|
| KECELAKAAN | SEPEDA MOTOR |
| TRUK | PEJALAN KAKI |
| BAHAN BAKAR | POLISI |
| PETA | JALAN |
| BAHAYA | KEAMANAN |
| REM | LALU LINTAS |
| GARASI | TRANSPORTASI |
| GAS | TEROWONGAN |
| LISENSI | KECEPATAN |
| MOTOR | MOBIL |

# 75 - Plantes

```
F L O R A V V Z G V Y R A U E N
W K R R V L H I P T U U K W S N
K E L O P A K A M E S M A K X E
B D E A T S P T I A U P R X Z Q
T U M U L B W W D H W U J X M G
G C N N M J J Q Y F G T F Q I E
C I F G N A C A K U P U P O N N
V N N K A Y V I S A T E G E V L
N A A N J R L X N O V R E U A U
P T T D Y R A U H K Z C N S U O
R O U U D E D A U N A N W V I H
I B H M U B M A B K A K T U S P
O D A O B O Y J U T B Q M N I Y
G W F Z N U B E K O T M G A V W
Q J O Y A P H Y E L D X Y C O T
E F F G Q C U H S A E N W K K P
```

POHON
BERRY
BAMBU
BOTANI
SEMAK
KAKTUS
PUPUK
DEDAUNAN
BUNGA
FLORA

HUTAN
TUMBUH
KACANG
RUMPUT
KEBUN
IVY
LUMUT
KELOPAK
AKAR
VEGETASI

# 76 - Ferme #2

```
C B S H P W N Z E S A D O L C Q
F O P A B M O D A M T V I B E S
G G X U Y J R D O L G O S K B X
U W O B T U P M U R G N A D A P
D H Q X E I R M Q Y X G G N L O
A S P G J G T M Q K F L I I A R
N U I N A T E P A T R G R C B C
G S A A G M X N M Y S P I Q M H
V U L T U G A O D U U G T M E A
N T E A N F E L I M U R R A G R
B A J N G I T B L P U R A T L D
P E V I H E E B W Y Z C K A C L
A K B B M A K A N A N Y T N T U
D Z X E G A N D U M U E O G Z F
U X X C K A Y W N T D Y R Q U D
M D J Q T N I L T L U A L F C I
```

| | |
|---|---|
| PETANI | SAYUR-MAYUR |
| BINATANG | JAGUNG |
| GEMBALA | DOMBA |
| GANDUM | MATANG |
| BEBEK | MAKANAN |
| BUAH | JELAI |
| GUDANG | PADANG RUMPUT |
| IRIGASI | BEEHIVE |
| SUSU | TRAKTOR |
| LLAMA | ORCHARD |

# 77 - Vacances #2

```
U  L  C  P  K  K  J  X  B  Q  A  Q  W  I  G  M
J  I  W  U  T  A  D  Z  A  S  I  V  G  T  L  T
U  B  W  L  E  T  O  H  N  X  L  T  F  R  F  S
H  U  H  A  D  E  I  R  D  C  J  I  U  A  F  P
M  R  S  U  Q  R  W  O  A  D  N  E  T  N  U  A
A  A  M  Q  S  E  E  P  R  H  I  H  R  S  Y  N
M  N  O  S  A  K  C  S  A  P  K  G  G  P  M  T
S  Z  P  M  I  S  K  A  T  C  C  A  A  O  R  A
Z  R  I  R  S  O  V  P  M  O  X  W  F  R  E  I
T  U  J  U  A  N  O  W  K  P  R  U  U  T  S  I
O  R  A  N  G  A  S  I  N  G  I  A  Y  A  E  U
L  P  E  T  A  N  K  J  Z  B  P  N  S  R  W
Q  A  R  E  K  R  E  A  S  I  F  I  G  I  V  C
F  A  U  P  E  R  J  A  L  A  N  A  N  L  A  V
H  N  I  T  N  P  K  X  A  A  G  N  L  J  S  S
H  V  S  R  L  D  X  J  X  W  Y  U  M  K  I  K
```

| | |
|---|---|
| BANDARA | PANTAI |
| CAMPING | RESTORAN |
| PETA | RESERVASI |
| TUJUAN | TAKSI |
| ORANG ASING | TENDA |
| HOTEL | KERETA |
| PULAU | TRANSPORTASI |
| REKREASI | LIBURAN |
| LAUT | VISA |
| PASPOR | PERJALANAN |

# 78 - Temps

```
K N X C D O V K I A R H B D W T
S A K S N L N E S U M A L A M A
E L L Y W O Y M U N A R N B S H
K U O E G D R A Y S W I R A H U
A B K H N E U R P Y E I F T S N
R T T Q A D B I U G G N I M Y A
A M F B I S E N C Y J I B Z N N
N D D N S X E R S N V X O F I V
G F C O D Z G T V E H H J C K Z
N E V Q U G G R E Y B K F R E E
M A S A D E P A N L N E P A G I
W C N G Y G T K Q L A E L J A M
G P W V D U Z U U W A H A U I P
S E G E R A S R A W A S A D M O
L D V K G P T A H U N Q Y O N V
D C G M G C M I M E N I T X T U
```

| | |
|---|---|
| TAHUN | KEMARIN |
| TAHUNAN | HARI |
| SETELAH | SEKARANG |
| HARI INI | PAGI |
| SEBELUM | SIANG |
| SEGERA | MENIT |
| KALENDER | BULAN |
| DASAWARSA | MALAM |
| MASA DEPAN | MINGGU |
| JAM | ABAD |

# 79 - Maison

```
N U Q A P W P X V Y V G M D W R
Q Y E N G R E Y J S M R W A P P
U K L R C P W W S I I L H I C Q
T S S A I B B P V W I T J S I H
Y K I J C I D L Z C S G S A U Q
J V C P N A A K A T S U P R E P
Z S C C U R C G V M M F A A O O
C D Z E K I N N S I P P A G A R
Z O M R N T K E J A X U I Z E K
F W Z M P I N T U E P X G H A A
V W B I P W A O M D N U B E K R
E B N N T O G L T J N D E K T P
M A N D I Z N A I P A R E P V E
C Z T I G N A L T I G N A L V T
A T A P P L U D I N D I N G A E
D A P U R Z R B M R O H I O T X
```

SAPU
PERPUSTAKAAN
RUANGAN
PERAPIAN
KUNCI
PAGAR
DAPUR
MANDI
JENDELA
GARASI

LOTENG
KEBUN
LAMPU
CERMIN
DINDING
LANGIT-LANGIT
PINTU
TIRAI
KARPET
ATAP

# 80 - Légumes

```
A O R E O Y M N S E L E D R I B
J R D B B T W J U J K L X I L A
B D T P S W V K P M L I R L U W
S N M I X K Z F T Z I Y M E K A
Z X V B C C C I M K L T Q S K N
Z C J B C H F R U N O E N R N G
Q P F U B R O C X L K R D E W M
F G U C G Q A K R O O T T M E
G N A V B M J P E B R N R E F R
Z A I T U N M A Y A B G J P S A
R C G M C Q L D M K H E X L Z H
L A B U T U A L T U P M U R D P
V K B A W A N G K P R J A H E S
A B A W A N G P U T I H I H S S
T O M A T G V P S G S A L A D K
G T Y X A W O R T E L R R U R H
```

| | |
|---|---|
| BAWANG PUTIH | BAWANG MERAH |
| RUMPUT LAUT | BAYAM |
| ARTICHOKE | JAHE |
| TERONG | LOBAK |
| BROKOLI | BAWANG |
| WORTEL | ZAITUN |
| SELEDRI | PETERSELI |
| JAMUR | KACANG |
| LABU | SALAD |
| MENTIMUN | TOMAT |

# 81 - Oiseaux

```
I  P  M  O  G  N  I  M  A  L  F  I  Y  Q  C  W
B  E  E  J  G  N  R  Y  E  O  P  Q  B  H  M  P
U  L  R  P  B  M  A  D  F  R  U  L  E  T  O  B
R  I  P  O  H  U  N  W  T  B  A  S  G  N  A  U
U  K  A  E  L  T  E  D  I  A  K  K  V  A  S  R
N  A  T  H  U  N  K  G  G  N  A  A  I  C  M  U
G  N  I  R  P  A  V  S  S  G  F  G  W  U  Q  N
P  A  T  Z  M  H  U  L  L  A  E  A  N  O  K  G
I  M  N  Z  K  G  O  L  G  U  A  G  J  T  F  U
P  L  V  P  E  N  G  U  I  N  Y  O  Q  A  C  N
I  W  W  M  E  U  A  G  N  N  A  U  B  G  U  T
T  V  S  J  L  R  Z  P  Z  B  M  L  B  V  C  A
C  N  B  U  R  U  N  G  B  E  O  T  E  L  K  P
C  O  Y  R  J  B  K  X  Q  Q  I  V  J  Y  O  U
M  T  O  J  W  B  E  B  E  K  V  B  J  K  O  F
N  W  U  S  O  O  J  Y  U  T  O  H  J  I  A  N
```

| | |
|---|---|
| ELANG | BURUNG HANTU |
| BURUNG UNTA | PENGUIN |
| BEBEK | BURUNG PIPIT |
| KENARI | GULL |
| BANGAU | TELUR |
| MERPATI | MERAK |
| GAGAK | BURUNG BEO |
| CUCKOO | PELIKAN |
| ANGSA | AYAM |
| FLAMINGO | TOUCAN |

# 82 - Disciplines Scientifiques

```
P S I K O L O G I P M T B D C M
K B G C Z X H M A O I E O Z E E
B I O K I M I A I L N R T Z F T
D O L H A K I N A K E M A U I E
S H O G B R Y O E D R O N K U O
I G O L O I S I F C A D I A G R
G B Z A D Q P U J L L I O A H O
O V O Y O D B Q F F O N M A E L
L I N G U I S T I K G A V I F O
O I G O L O E K R A I M E M K G
I I G O L O R U E N G I K V W I
S Y V F L S V T M S O K O L X Z
O I M O N O R T S A L A L P A H
S B D N Q P E K Q L O X O R H B
A N A T O M I G M N I I G Y I L
I M U N O L O G I I B F I L J K
```

| | |
|---|---|
| ANATOMI | LINGUISTIK |
| ARKEOLOGI | MEKANIKA |
| ASTRONOMI | METEOROLOGI |
| BIOKIMIA | MINERALOGI |
| BIOLOGI | NEUROLOGI |
| BOTANI | FISIOLOGI |
| KIMIA | PSIKOLOGI |
| EKOLOGI | SOSIOLOGI |
| GEOLOGI | TERMODINAMIKA |
| IMUNOLOGI | ZOOLOGI |

# 83 - Maladie

```
N J K Z P J H Y I S P Q H K U A
E X Y X Q P H B W Y M M E E J P
U K X V W X U B G F U K R S A I
R I P A R E T M N R T R E E Z N
O T M V C E S K M G E O D H M G
P E N U R A P I O G M N I A E G
A N A G N A D A R E P I T T N A
T E Z N A I O Q D H F S E A U N
I G O A S R T Z N B R Q R N L G
I H Z L A J U A I D E X J U A E
A S D U P N R A S H U B U T R H
L N T T A C E T K J A Z O U M O
E L Z Q N M P J W U L T B P C I
R Y E B R B A G H Z T Y I B W B
G A N L E C F A L V J P A D T R
I L A F P Z L J I R B L E M A H
```

| | |
|---|---|
| PERUT | IMUNITAS |
| AKUT | PERADANGAN |
| ALERGI | PINGGANG |
| KRONIS | NEUROPATI |
| MENULAR | TULANG |
| TUBUH | PARU |
| HATI | PERNAPASAN |
| LEMAH | KESEHATAN |
| GENETIK | SINDROM |
| HEREDITER | TERAPI |

# 84 - Univers

```
H A S T R O N O M I Z G R S Q I
M O S Y U P Y M K M O A Y R U S
D V R F R Y U C H O D R K S E X
B B A I S K A L A G I I E V T D
W X S M S U C K V Q A S G M M V
U O I A S O G H T O K B E P M A
S O X R I O N A L U B U L H O Y
B E L A H A N B U M I J A E N S
X C G K N K O U U R E U P H O L
Q I N U U A F R Y J N R A H R B
A T T B X X S J B U Z W N E T M
R S D Q H P K A D I O R E T S A
X L H Z I L T L U K T I G N A L
D O G N A T N I L S I R A G V G
O S K O S M I K T E R L I H A T
T E L E S K O P M C M S D S D D
```

ASTEROID
ASTRONOM
ASTRONOMI
SUASANA
LANGIT
KOSMIK
GALAKSI
BELAHAN BUMI
HORISON
GARIS LINTANG

GARIS BUJUR
BULAN
KEGELAPAN
ORBIT
SURYA
SOLSTICE
TELESKOP
TERLIHAT
ZODIAK

# 85 - Géographie

```
H  P  F  G  S  E  L  A  T  A  N  M  G  K  D  W
E  W  U  N  A  U  N  E  B  H  P  E  U  E  U  C
R  I  A  A  R  R  L  A  U  T  S  R  N  T  N  P
L  G  B  T  A  A  I  P  P  Q  V  I  U  I  I  A
D  B  S  N  G  W  A  S  E  C  Z  D  N  N  A  K
D  E  W  I  E  I  G  I  B  T  M  I  G  G  T  V
X  L  I  L  N  T  N  V  Y  U  A  A  Z  G  O  M
Y  A  L  S  R  S  U  J  V  L  J  N  W  I  K  M
I  H  A  I  T  I  S  W  W  R  U  U  R  A  M  W
D  A  Y  R  V  L  P  U  L  A  U  T  R  N  U  E
J  N  A  A  H  U  L  D  F  J  A  A  K  J  Q  S
G  B  H  G  A  T  T  D  W  A  T  V  C  M  O  F
T  U  N  D  B  A  M  A  H  X  L  C  T  A  O  S
Y  M  M  D  D  H  P  Q  R  N  A  M  K  U  Q  F
K  I  B  H  N  K  D  L  W  A  S  Y  D  O  G  M
Y  M  E  D  A  Y  B  A  R  A  T  G  Q  R  V  S
```

KETINGGIAN
ATLAS
PETA
BENUA
KHATULISTIWA
SUNGAI
BELAHAN BUMI
PULAU
GARIS LINTANG
GARIS BUJUR

LAUT
MERIDIAN
DUNIA
GUNUNG
UTARA
BARAT
NEGARA
SELATAN
WILAYAH
KOTA

# 86 - Danse

```
Q X L U M G S K J V P A V O E F
M F P E I B E A K A D E M I K J
H U B U T K U R I M V R Q N S B
B K S L R Q O D A I I H W E P W
T A M H A R S R A K D I Y S R V
K H P L K I N W E Y A L O N E L
D Y N I E A T K V O A N D D S S
V D J Y Y K D S U N G K H D I Y
T R A D I S I O N A L R L W F E
V I J W U R M Y B Z O Y A A Z A
S I K A P S O T R V H B R F T H
I S W V K J Z F C M L A U S I V
R O H I L D A P X U U L T U F M
A M L A T I H A N S A M L A V Y
M E K L A S I K N I D W U O N F
A M E L O M P A T K Y H K K W X
```

AKADEMI
SENI
KOREOGRAFI
KLASIK
TUBUH
BUDAYA
KULTURAL
EKSPRESIF
EMOSI
RAHMAT

GERAKAN
MUSIK
MITRA
SIKAP
LATIHAN
IRAMA
MELOMPAT
TRADISIONAL
VISUAL

# 87 - Bâtiments

```
M I U R T H S T W K R U X X O O
R U L L F O U E S A U N L A B N
E E S C E T P A E S M I A Y S I
Z U A E K E E T K T A V B P E Z
L S T M U L R E O I H E O S R G
K X E K T M M R L L S R R B V X
J E S F S N A M A Z A S A I A A
Z L D A F O R R H L K I T O T C
T U I U B I K U A G I T O S O B
U E O T T D E M Z N T A R K R L
T E N D A A T V R A E S I O I C
F B I M P T A R F D S M U P U T
W J B Z X S C N L U O X M B M D
S U A P A B R I K G M G D J J B
O I K A P A R T E M E N E E U U
J B G A R A S I X R G P O N G A
```

KEDUTAAN
APARTEMEN
KABIN
KASTIL
BIOSKOP
SEKOLAH
GARASI
GUDANG
RUMAH SAKIT
HOTEL

LABORATORIUM
MUSEUM
OBSERVATORIUM
STADION
SUPERMARKET
TENDA
TEATER
MENARA
UNIVERSITAS
PABRIK

# 88 - Activités et Loisirs

```
R  S  U  Q  H  L  O  B  S  I  B  V  T  P  C  S
F  Y  A  V  X  B  L  Y  E  T  E  H  E  Z  M  E
H  W  G  A  A  F  R  T  F  R  M  Y  N  H  A  P
M  E  N  Y  E  L  A  M  T  S  K  A  I  O  I  A
B  B  A  C  B  O  U  S  P  I  E  E  S  B  X  K
O  E  N  A  R  G  J  M  V  F  N  N  B  I  M  B
L  R  E  M  R  N  Q  W  B  T  O  J  I  U  N  O
A  S  R  P  P  I  A  T  N  A  S  T  U  C  N  L
V  E  I  I  Y  C  B  E  P  E  R  G  I  A  N  A
O  L  M  N  B  N  Q  I  K  B  H  I  K  I  N  G
L  A  U  G  X  A  D  Z  X  A  A  B  A  L  A  P
I  N  G  Q  R  M  R  T  X  S  I  J  T  Q  H  B
K  C  U  J  H  E  J  E  F  K  Q  W  E  Z  W  Z
K  A  P  E  L  M  S  Y  R  E  R  Q  R  U  U  C
M  R  N  Q  F  A  W  L  A  T  D  B  B  Q  E  G
T  K  T  X  V  U  F  L  U  K  I  S  A  N  K  H
```

| | |
|---|---|
| SENI | HOBI |
| BISBOL | LUKISAN |
| BASKET | MEMANCING |
| TINJU | MENYELAM |
| CAMPING | HIKING |
| BALAP | SANTAI |
| SEPAK BOLA | BERSELANCAR |
| GOLF | TENIS |
| BERKEBUN | BOLA VOLI |
| RENANG | BEPERGIAN |

# 89 - Livres

```
I  E  P  I  K  W  Z  C  L  V  E  T  B  T  O  N
S  N  A  M  A  L  A  H  E  B  V  E  Y  K  M  R
I  A  V  M  K  X  U  S  O  R  S  I  O  B  P  E
U  V  K  E  S  I  R  O  T  S  I  H  B  N  E  E
P  E  P  S  N  I  D  R  N  Y  S  T  P  O  M  S
Y  L  P  M  T  T  Y  W  R  C  K  W  A  V  B  X
U  E  H  E  A  S  I  L  U  N  E  P  X  E  A  A
O  R  L  K  T  R  K  F  L  J  L  T  A  L  C  V
W  C  S  I  L  U  T  I  D  S  O  X  K  M  A  X
U  W  H  X  Y  I  A  M  I  E  K  W  O  M  H  J
L  R  E  Q  E  P  A  L  V  R  G  V  N  E  W  Z
N  A  R  A  T  O  R  L  A  I  F  O  T  C  W  Q
H  D  U  A  L  I  T  A  S  N  J  Q  E  Q  G  F
A  A  C  I  W  E  S  B  V  V  G  E  K  I  D  H
U  C  U  E  W  Z  A  W  Z  V  A  A  S  D  P  I
G  K  L  S  X  L  S  I  G  A  R  T  N  T  B  F
```

| | |
|---|---|
| PENULIS | INVENTIF |
| PETUALANGAN | PEMBACA |
| KOLEKSI | SASTRA |
| KONTEKS | NARATOR |
| DUALITAS | HALAMAN |
| DITULIS | RELEVAN |
| EPIK | PUISI |
| CERITA | NOVEL |
| HISTORIS | SERI |
| LUCU | TRAGIS |

# 90 - Pays #2

```
Z D S I C N A R E P C F K A O A
R U S I A I E O W C C Z X L I L
G K O K N G N O D U H C L B Q Q
Q E A K I A M A J R P R N A K F
U K L R A G G S V M F Z A N R Z
G G E N R Q W V D E A I T I A H
T P A O K L A I L A M O S A M Q
M H R N U I Y G Y T J M I I N J
E Q O A D T N A D U S Q K D E E
H M X B Y A E D W T A K A N D P
S U R I A H K Y O S Z O P A A A
O T X L R C V K I N S Z W L Y N
P S S J N R L D X J E B R R V G
V C H W R G L H Z N G S M I Q L
U K Z E J T X B W Y J E I O I W
M E K S I K O K S J J M K A Q G
```

ALBANIA
CINA
DENMARK
PERANCIS
HAITI
INDONESIA
IRLANDIA
JAMAIKA
JEPANG
KENYA

LAOS
LIBANON
MEKSIKO
UGANDA
PAKISTAN
RUSIA
SOMALIA
SUDAN
SURIAH
UKRAINA

# 91 - Fournitures d'Art

```
I  P  E  Y  Y  J  E  N  U  P  Z  P  H  M  K  D
F  A  A  T  L  J  R  T  K  U  R  S  I  Y  R  M
S  S  S  A  I  F  I  X  D  P  K  A  W  E  E  L
H  T  E  T  G  N  A  R  A  R  A  T  V  Z  A  K
S  E  L  Q  O  R  T  K  I  L  I  R  K  A  T  E
E  L  A  N  D  D  A  A  R  F  P  E  N  J  I  Z
N  S  L  E  M  Q  C  Y  T  Z  E  K  Y  E  V  Q
V  U  N  R  I  L  V  N  S  V  M  L  Q  M  I  H
P  P  I  T  Y  T  A  I  L  H  A  N  A  T  T  O
B  A  L  H  A  R  B  M  W  V  T  P  Y  F  A  S
B  H  I  W  N  P  S  C  Z  A  N  X  M  Z  S  I
D  G  I  R  F  B  Y  O  F  A  R  H  M  T  P  K
C  N  O  S  Q  F  Y  P  A  P  P  N  R  U  N  A
M  E  H  G  T  N  O  D  E  Z  Y  R  A  M  W  T
O  P  G  G  M  P  E  N  S  I  L  I  D  E  V  E
K  A  M  E  R  A  E  B  I  B  A  P  K  J  L  M
```

| | |
|---|---|
| AKRILIK | PENSIL |
| CAT AIR | KREATIVITAS |
| TANAH LIAT | AIR |
| SIKAT | TINTA |
| KAMERA | PENGHAPUS |
| KURSI | MINYAK |
| ARANG | IDE |
| EASEL | KERTAS |
| LEM | PASTEL |
| WARNA | MEJA |

# 92 - Jazz

```
B  I  M  P  R  O  V  I  S  A  S  I  W  M  C  M
A  B  H  L  D  T  O  Z  L  U  H  G  V  C  N  P
K  I  G  J  A  U  R  A  B  T  D  H  Y  Y  G  Z
A  U  G  A  Q  N  K  P  E  B  A  R  L  N  O  S
T  K  E  I  Y  T  E  R  N  E  G  N  U  G  A  L
I  R  A  M  A  A  S  K  C  S  U  P  H  M  K  Q
E  F  F  L  K  V  T  O  R  X  U  X  R  J  L  W
U  M  E  B  O  A  R  M  M  E  T  E  K  N  I  K
H  X  V  W  V  K  A  P  V  N  T  A  L  B  U  M
H  S  T  I  J  E  T  O  R  H  F  D  Q  R  N  I
C  B  Q  E  S  O  I  S  I  S  O  P  M  O  K  X
Z  A  B  U  Z  P  R  E  S  N  O  K  R  J  Z  R
M  U  S  I  K  X  O  R  A  H  S  O  L  O  X  O
G  N  I  E  T  L  V  F  L  Z  B  W  R  F  U  X
O  D  G  G  Y  S  A  J  J  O  I  A  T  W  G  Q
A  R  T  I  S  E  F  F  V  J  V  B  M  O  H  P
```

| | |
|---|---|
| ALBUM | MUSIK |
| ARTIS | BARU |
| TERKENAL | ORKESTRA |
| LAGU | IRAMA |
| KOMPOSER | SOLO |
| KOMPOSISI | GAYA |
| KONSER | BAKAT |
| FAVORIT | DRUM |
| GENRE | TEKNIK |
| IMPROVISASI | TUA |

# 93 - Paysages

```
T E S W H M U A R A P T Q T L G
A S U N G A I W U Y A U A B I E
J L M K M A K A Q G N U N U G Y
B V Q N S W K R C D T G L S M S
Q N Z Y M L U J L V A K H F I E
J V D L J V K R L F I F F O P R
V H O X S N N D U P R S A P A R
E D A W O R G W G V W J V Z R M
S E M E N A N J U N G L T G E I
B U A L U P L E M B A H R L B X
O F X L A R D N U T M Y Q E G D
N E J Y N U J R E T R I A T N U
K Y F Y A X T C Z O I N Y S U P
D V T P D H G T R D R K L E N V
A S R L E A A F G L U N U R U G
G U N U N G E S I S A O F B G R
```

| | |
|---|---|
| AIR TERJUN | DANAU |
| BUKIT | RAWA |
| GURUN | LAUT |
| MUARA | GUNUNG |
| SUNGAI | OASIS |
| GEYSER | SEMENANJUNG |
| GLETSER | PANTAI |
| GUA | TUNDRA |
| GUNUNG ES | LEMBAH |
| PULAU | GUNUNG BERAPI |

# 94 - Pays #1

```
D A Y B I L F I L I P I N A K T
N I K A R A G U A I K T Q C X F
I D G U K M R P L L S B I S V M
H N A V X A O L N A M R E J M M
F I N L A N D I A M U J A F C R
F H A J B A A G S P F A W E D X
V V T J R P U D P N J U O L L H
E T S J A T K K A I D N A L O P
N D I W Z T E A N I T N E G R A
E G N Z I H H D Y R G E A W Q W
Z E A Y L M C A O G U E V C G L
U Y H H I M Z N L F Y M W Y K V
E Q G U U L R A S P C M A R S J
L V F H W R O K O R A M K N O Z
A R A G C W M L G K C Q T X I N
Q Y U X O A M D I Y K T Q Q S A
```

| | |
|---|---|
| AFGHANISTAN | LIBYA |
| JERMAN | MALI |
| ARGENTINA | MAROKO |
| BRAZIL | NIKARAGUA |
| KANADA | NORWEGIA |
| SPANYOL | PANAMA |
| EKUADOR | FILIPINA |
| FINLANDIA | POLANDIA |
| INDIA | RUMANIA |
| ISRAEL | VENEZUELA |

# 95 - Nombres

```
X T P F D Y X W D U A P U L U H
S A T U G E Q H U C U P P O S U
L P M A N E L U M U D T M N E J
H M D I M G O A Z F A S A S P U
X E W P L W D W P P C A D O U T
D U A B E L A S A A K L T P L S
E M P A T B E L A S N E T A U Q
K V P S Q S B N F E A B Y I H F
L I M A B E L A S N L H E Q G Q
D K M L D G O L L A I U D L W A
E G E E O M K F P M B J E M A B
S O Q B S O Y H D B M U L F C S
I Z P A X S K V G E E T A M Y R
M V L G N L J T B L S U P G A W
A R S I T I K Z O A S S A H A L
L R D T N Q V G U S W O N W D T
```

| | |
|---|---|
| LIMA | EMPAT |
| DUA | LIMA BELAS |
| DESIMAL | ENAM BELAS |
| SEPULUH | TUJUH |
| DELAPAN BELAS | ENAM |
| TUJUH BELAS | TIGA BELAS |
| DUA BELAS | TIGA |
| DELAPAN | SATU |
| SEMBILAN | DUA PULUH |
| EMPAT BELAS | NOL |

# 96 - Psychologie

```
U V J A K P Z S A T I L A E R M
T E R A P I E V E I D E I P A I
U W E G O A K R L N V T M J D M
K O N F L I K O S C S T X E A P
U A P M M S C W G E Z A B H S I
G C U L Z O K W X N P P S R H M
R I T R V M A P P A I S E I A A
Z D Z H K E Q E X I V S I V W S
P I K I R A N R F A Z J I M A A
N Z X J O T J I M L S U M O B L
R K L I N I S L X I E W D T C A
J Q N A M A L A G N E P E X L H
A D Z V H L H K D E S V Y S I N
N I X G W Y I U U P M J D B X J
J C P H J U Y N P E N G A R U H
I K E P R I B A D I A N T T O B
```

KLINIS
KOGNISI
PERILAKU
KONFLIK
EGO
PENGALAMAN
EMOSI
PENILAIAN
IDE
BAWAH SADAR

PENGARUH
PIKIRAN
PERSEPSI
KEPRIBADIAN
MASALAH
JANJI
REALITAS
MIMPI
SENSASI
TERAPI

# 97 - Nature

```
G T X I R C H Z S P G L K E J I
K K O V W C U I Y P U E E J M Y
I X E R Z S T M Z E R B C A V T
T E N A N G A D S N U A A L B M
K R S I M A N I D A N H B U J
R E P L A T I V E M R Z T J O A
A S I P O R T L D P F I I C N B
Q T U B A K C N A U E B K I J P
M E B N S Q X S U N A W A V P L
Q L N I G U S W N G P L N U J K
J G P C N A A E A A I J V J H U
V U D C U A I K N N A I K C S G
R B P G N P T O A E R O S I P Q
P A W P U O M A Q S W K S Z O E
B U I K G K I V N O M G G T U Q
X Y T G V C V H L G D D B P Z C
```

LEBAH                        SUNGAI
PENAMPUNGAN                  HUTAN
BINATANG                     GLETSER
ARKTIK                       GUNUNG
KECANTIKAN                   AWAN
KABUT                        TENANG
GURUN                        SUAKA
DINAMIS                      LIAR
EROSI                        TROPIS
DEDAUNAN                     VITAL

# 98 - Chimie

```
J D H D L C N O P K X M W E C G
M P Y N S O J Z H L V S E U T X
O O O C Q W G G O O N I W Y E H
K J L H Z I N A N R C K K D D X
S A Y E W P P H M I V B E R A T
I C V N K X T S K N N J L D M A
G E A W B U C A I R I L K U N L
E X I D K H L D T L N A W D O K
N N X D B U D A Y C A H V R B A
A T O M I S L F T X D T B V R L
P Z E D K R Y O R M Z M A S A I
A T W I N E G O R D I H R K K N
N T O K R N O I Q Y D E V G O E
A K D R I Z Q D S Z D T G A S E
S J W G F I E L E K T R O N T B
G A R A M M B E B M N L B Q A J
```

| | |
|---|---|
| ASAM | HIDROGEN |
| ALKALINE | ION |
| ATOM | CAIR |
| KARBON | LOGAM |
| KATALIS | MOLEKUL |
| PANAS | NUKLIR |
| KLORIN | OKSIGEN |
| ENZIM | BERAT |
| ELEKTRON | GARAM |
| GAS | SUHU |

# 99 - Bateaux

```
S I V V D M R T I U S Y R W T L
U A N A D L W A L T M D H A P F
N O P F V W M F K A W A F O U Z
G F E O T P O G A I L A T E E W
A U L V C N L N B W T I X U R P
I R A H A B C U M I T I R A M I
A A U I D E T U O Q U C P J K D
I K T P E R A H U L A Y A R N W
U G U Q L D X K Y T L Y A C H T
N N K P C Z K M T G N S L H C D
L A P A K G N A I T M E S I N H
Z J R H M N L S N R B X X J G L
L N U X P A Z K A O C L E A E H
J Q L M P S O M D G P O I D W J
N M C W K A Y A K G O X U F P R
P E L A M P U N G Z U B Z S C S
```

| | |
|---|---|
| JANGKAR | PELAUT |
| PELAMPUNG | MARITIM |
| KANO | TIANG KAPAL |
| TALI | LAUT |
| AWAK | MESIN |
| FERI | BAHARI |
| SUNGAI | RAKIT |
| KAYAK | OMBAK |
| DANAU | PERAHU LAYAR |
| PASANG | YACHT |

# 100 - Mesures

```
O  G  S  G  W  A  Y  C  U  P  X  K  K  P  Y  H
Z  N  R  A  B  E  L  Z  N  A  Q  I  Z  A  T  J
K  K  S  A  T  T  I  N  E  M  R  L  M  N  O  F
I  U  Y  R  M  Y  M  E  T  E  R  O  A  J  N  H
L  D  X  E  S  B  Y  M  A  Z  E  G  S  A  G  S
O  A  V  S  A  H  K  U  R  J  T  R  S  N  K  U
M  M  H  N  T  G  U  L  E  E  I  A  A  G  Q  H
E  C  Y  F  L  P  V  O  B  N  L  M  U  I  F  P
T  J  Y  X  D  N  U  V  N  Y  O  L  Z  N  D  X
E  U  E  D  K  E  D  A  L  A  M  A  N  C  I  M
R  R  E  T  E  M  I  T  N  E  S  M  T  I  S  T
B  R  G  A  M  R  S  J  U  R  P  I  I  D  A  L
K  N  V  B  O  P  A  O  X  R  A  S  N  O  F  V
O  C  C  M  B  A  X  J  C  A  S  E  G  Q  J  B
Z  P  Z  I  K  X  F  I  A  Y  H  D  G  G  D  G
X  E  I  K  E  H  M  I  E  T  M  P  I  S  O  D
```

| | |
|---|---|
| SENTIMETER | MASSA |
| DERAJAT | METER |
| DESIMAL | MENIT |
| GRAM | BYTE |
| TINGGI | ONS |
| KILOGRAM | BERAT |
| KILOMETER | INCI |
| LEBAR | KEDALAMAN |
| LITER | TON |
| PANJANG | VOLUME |

## 1 - Adjectifs #2

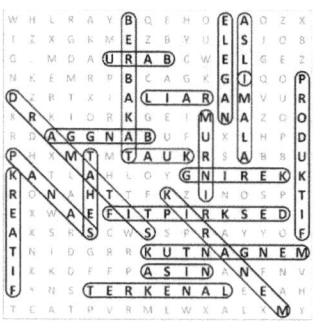

## 2 - Formes

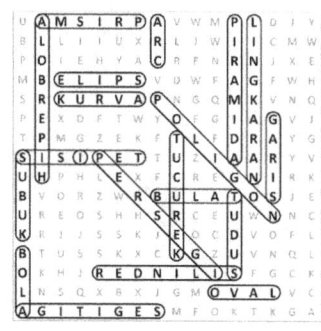

## 3 - Force et Gravité

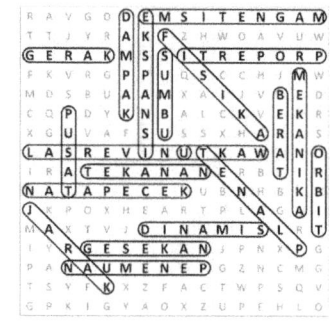

## 4 - Adjectifs #1

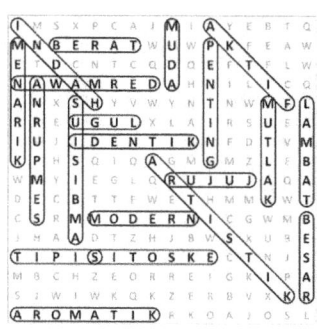

## 5 - Instruments de Musique

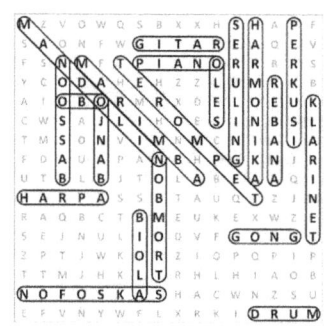

## 6 - Échecs

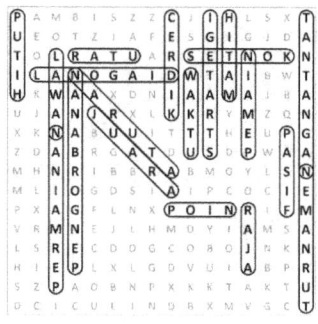

## 7 - Herboristerie

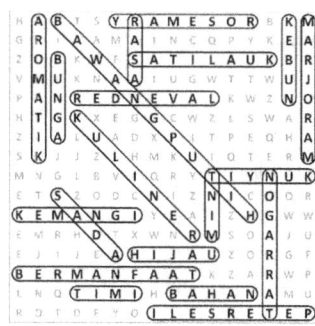

## 8 - Photographie

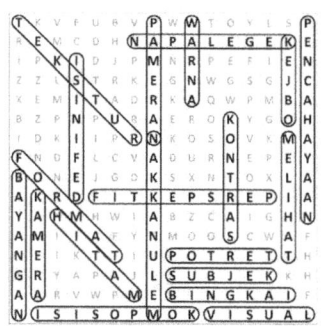

## 9 - Véhicules

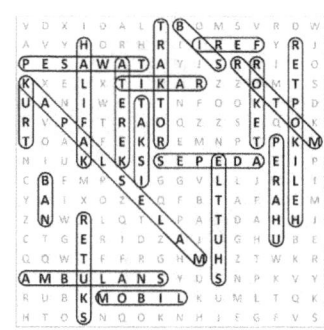

## 10 - Camping

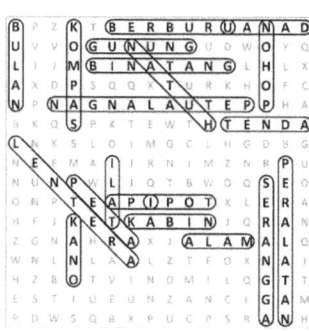

## 11 - Écologie

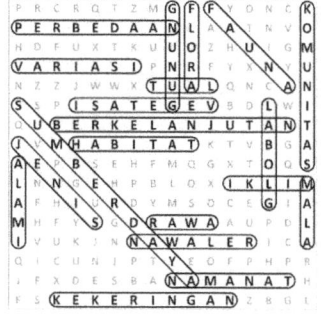

## 12 - Géométrie

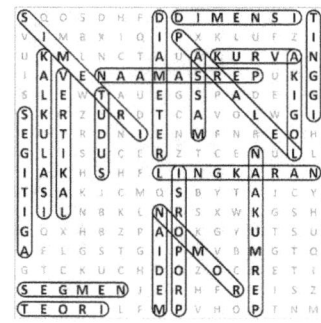

## 13 - Les Médias

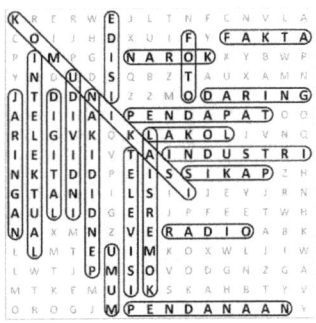

## 14 - Diplomatie

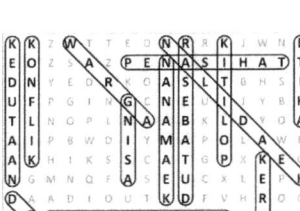

## 15 - Astronomie

## 16 - Physique

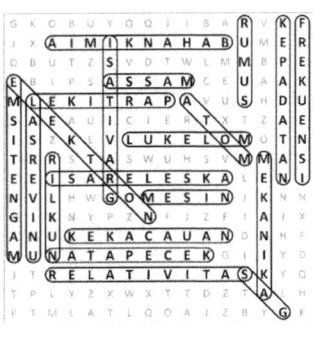

## 17 - Types de Cheveux

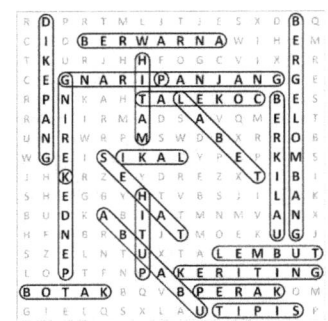

## 18 - Archéologie

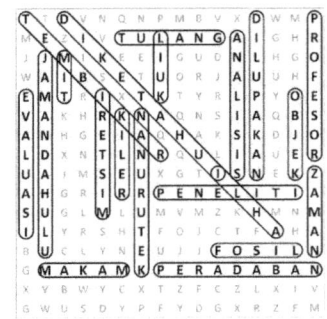

## 19 - Mammifères

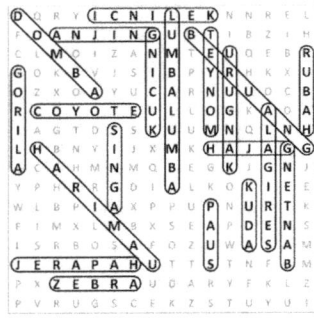

## 20 - Chocolat

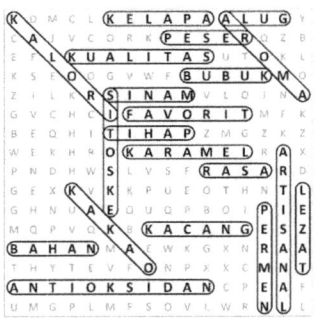

## 21 - Mathématiques

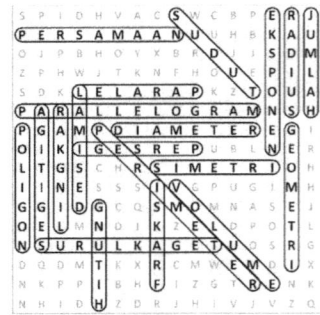

## 22 - Mythologie

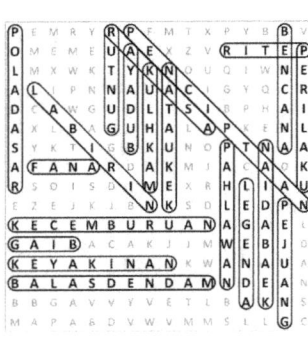

## 23 - Restaurant #2

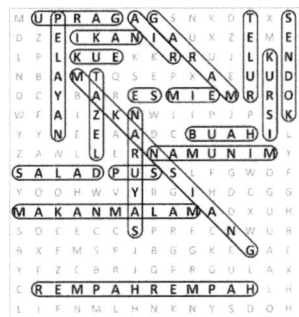

## 24 - Beauté

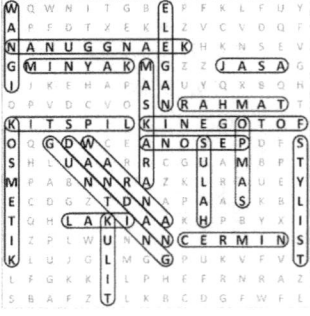

## 25 - Avions

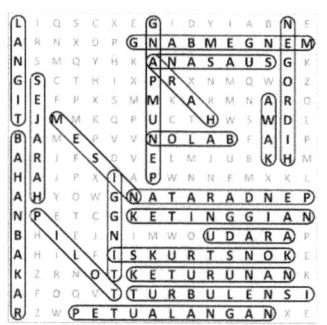

## 26 - Aventure

## 27 - Ville

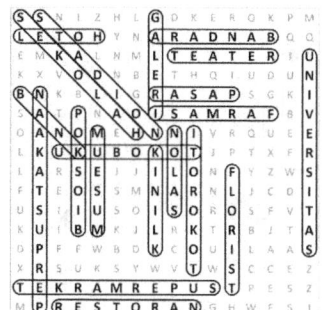

## 28 - Ingénierie

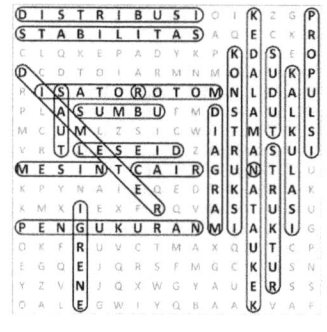

## 29 - Énergie

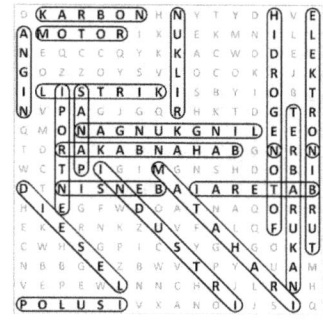

## 30 - Corps Humain

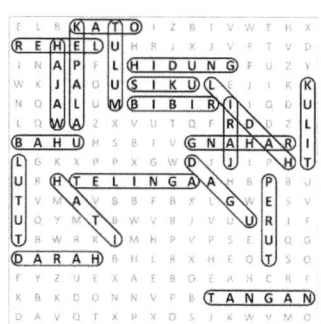

## 31 - Biologie

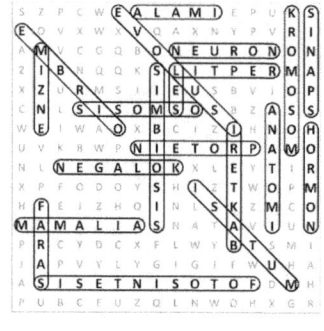

## 32 - Épices

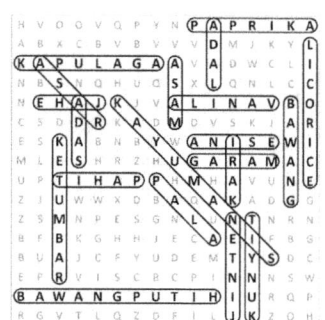

## 33 - Agronomie

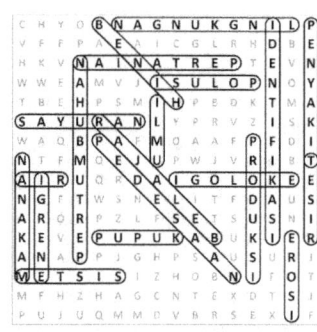

## 34 - Science

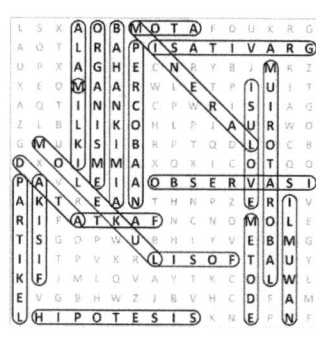

## 35 - Vêtements

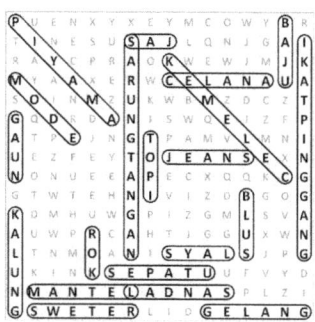

## 36 - Arts Visuels

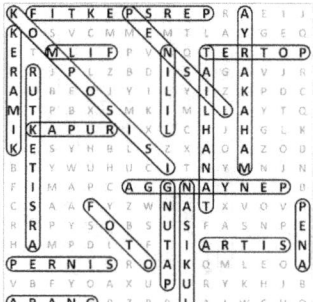

## 37 - Méditation

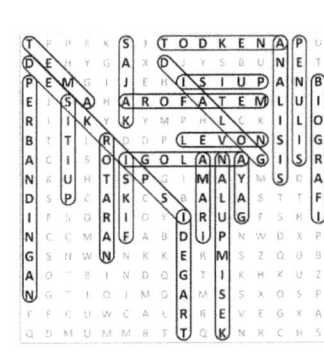

## 38 - Littérature

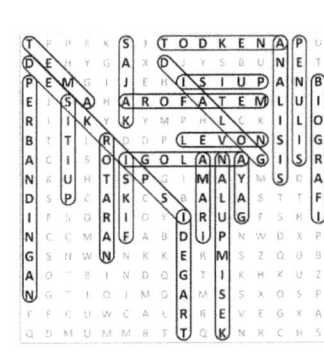

## 39 - Nourriture #1

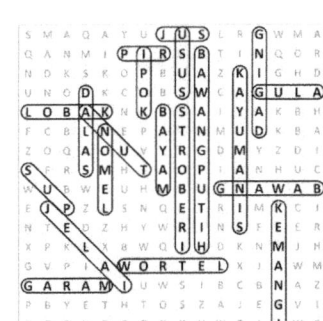

## 40 - Jours et Mois

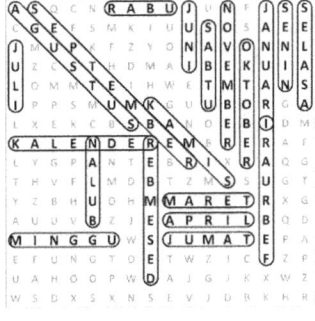

## 41 - Entreprise

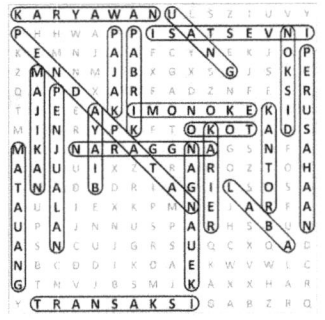

## 42 - Activités

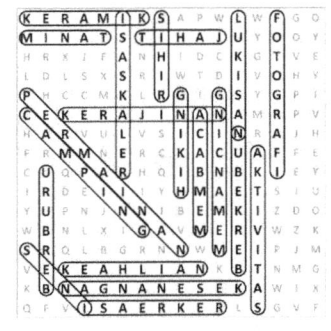

## 43 - Mode

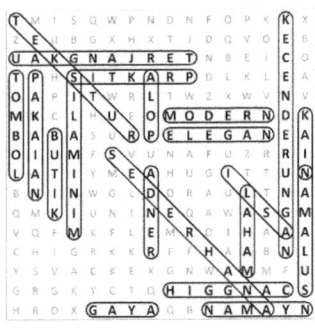

## 44 - Fleurs

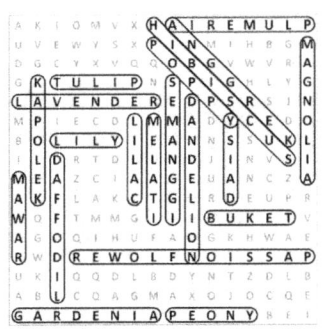

## 45 - Nourriture #2

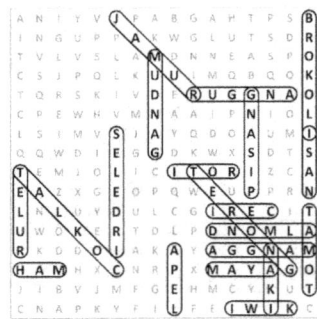

## 46 - Algèbre

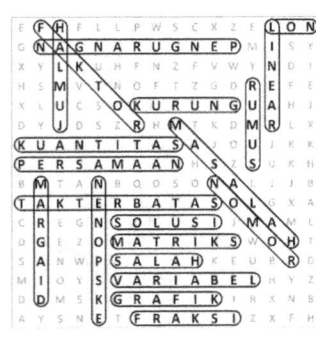

## 47 - Océan

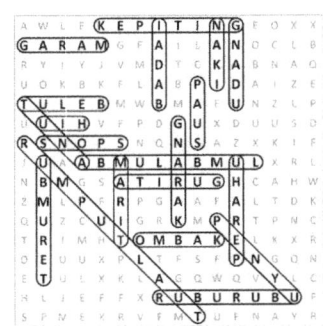

## 48 - Remplir

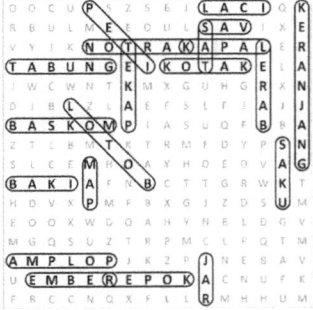

## 49 - Antiquités

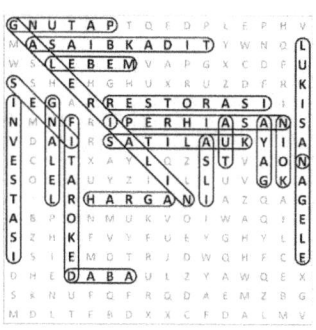

## 50 - Boxe

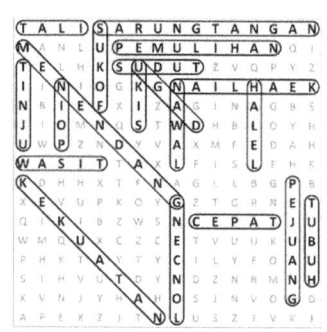

## 51 - Réchauffement Cli

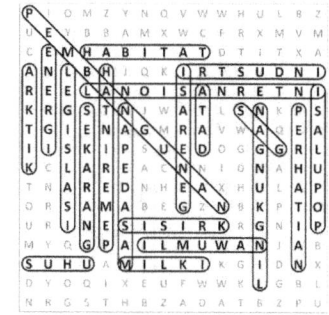

## 52 - Ballet

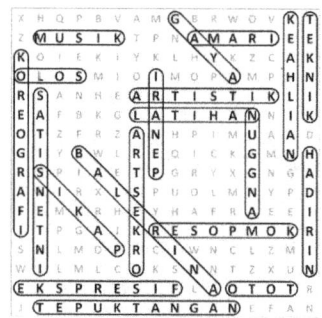

## 53 - Fruit

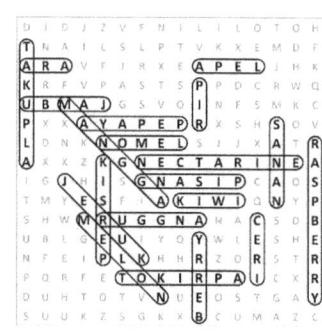

## 54 - Musique

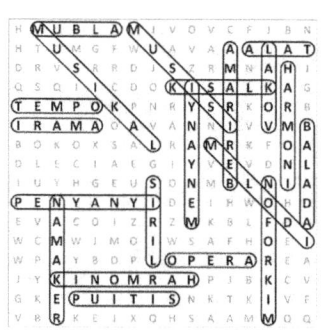

## 55 - Météo

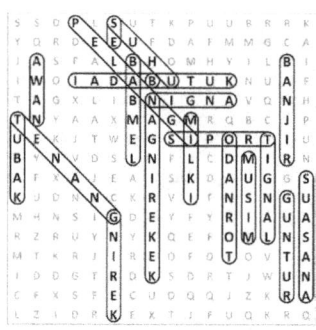

## 56 - L'Entreprise

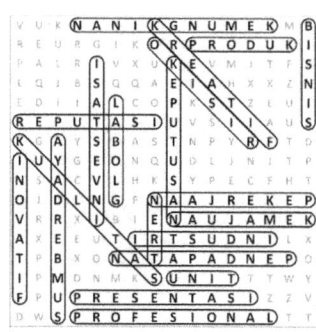

## 57 - Gouvernement

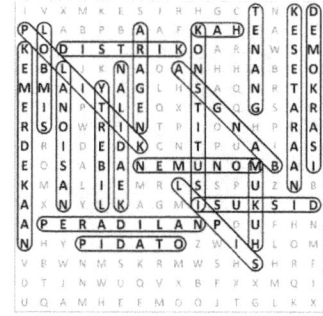

## 58 - Randonnée

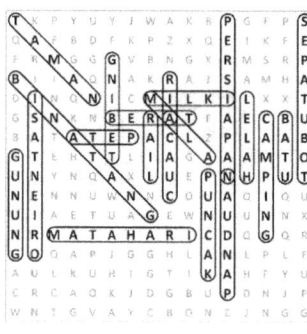

## 59 - Nutrition

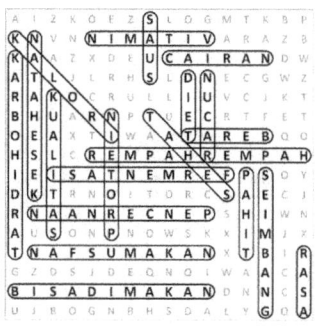

## 60 - Créativité

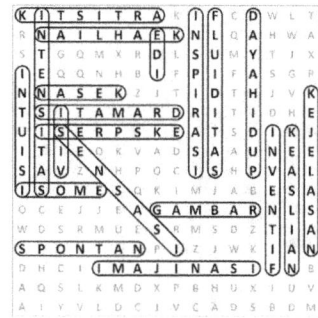

## 61 - Science Fiction

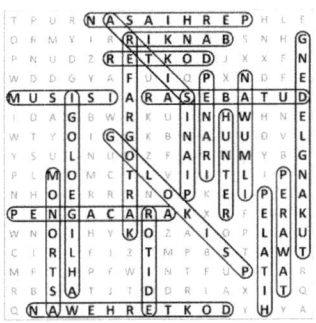

## 62 - Professions #1

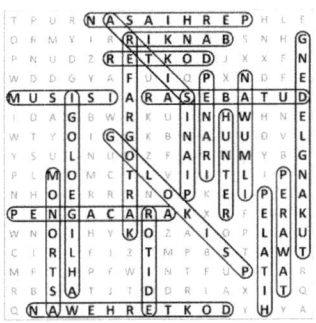

## 63 - Géologie

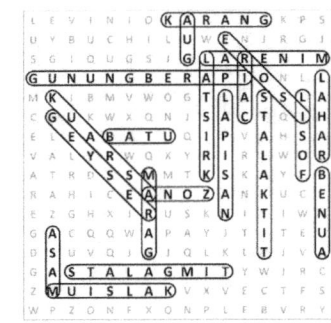

## 64 - Jardin

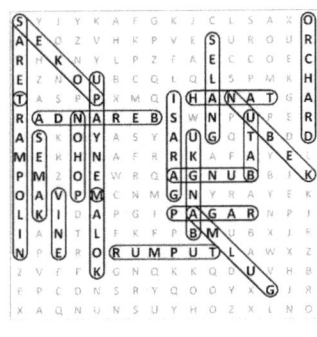

## 65 - Santé et Bien Être #1

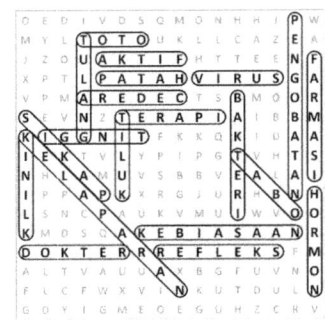

## 66 - Barbecues

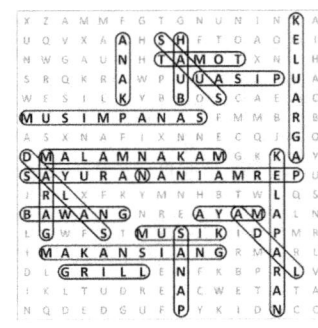

## 67 - Ferme #1

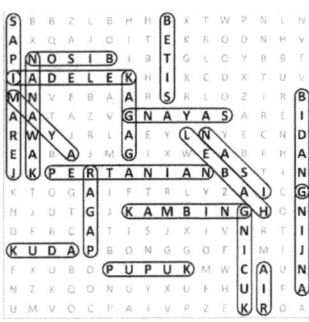

## 68 - Escalade

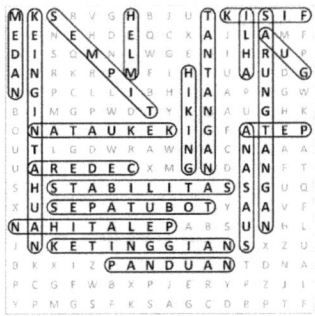

## 69 - Café

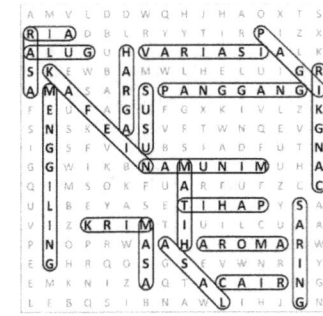

## 70 - Antarctique

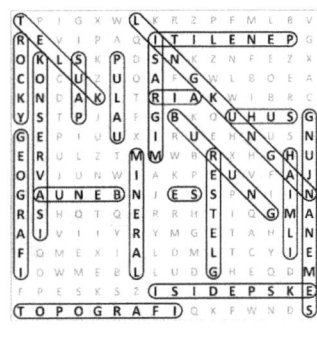

## 71 - Professions #2

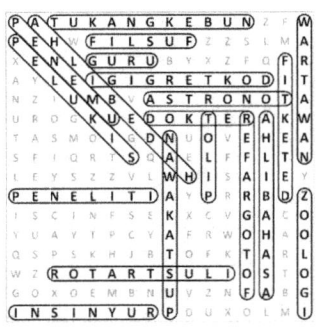

## 72 - Les Abeilles

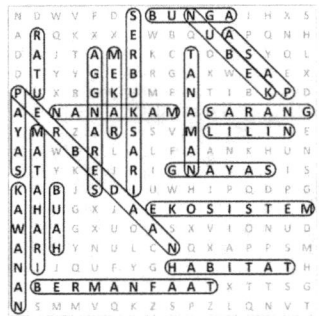

## 73 - Santé et Bien Être #2

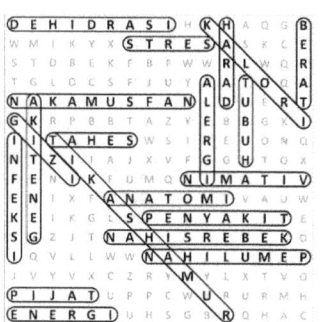

## 74 - Conduite

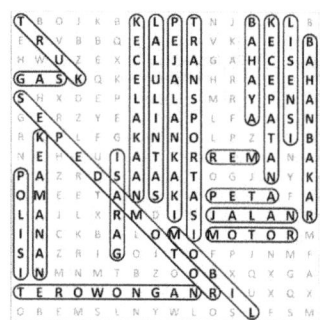

## 75 - Plantes

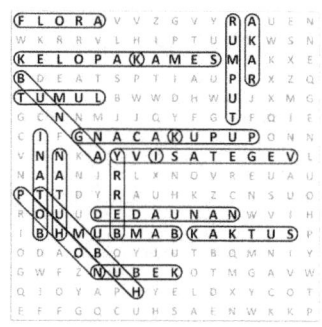

## 76 - Ferme #2

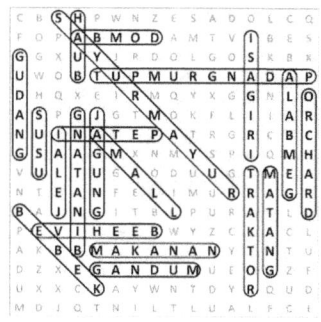

## 77 - Vacances #2

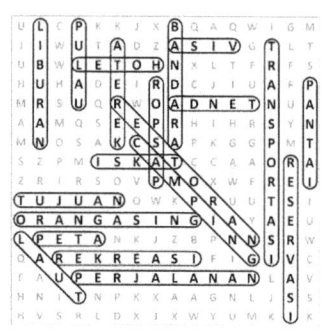

## 78 - Temps

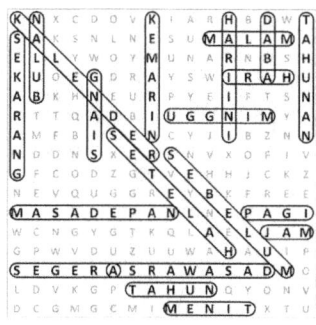

## 79 - Maison

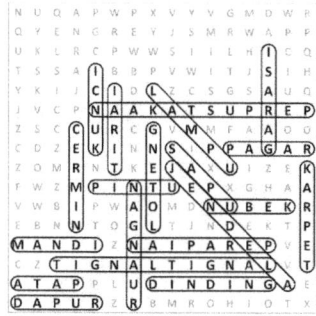

## 80 - Légumes

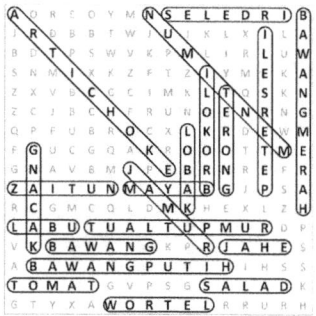

## 81 - Oiseaux

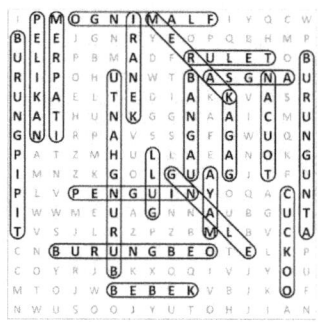

## 82 - Disciplines Scientifiques

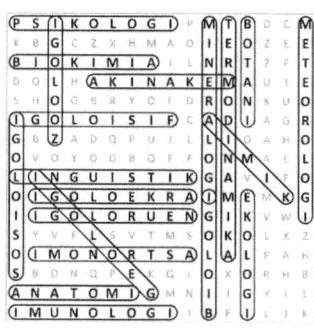

## 83 - Maladie

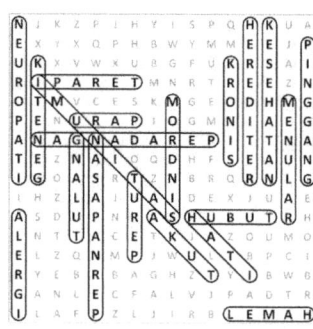

## 84 - Univers

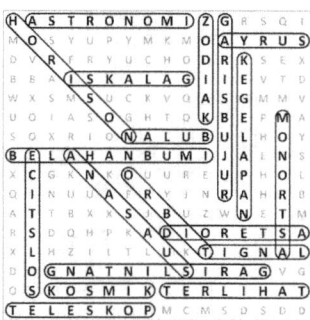

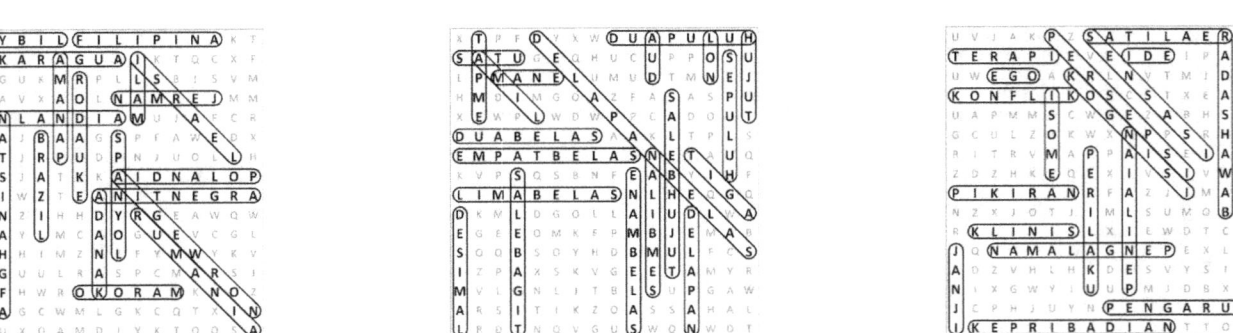

## 85 - Géographie

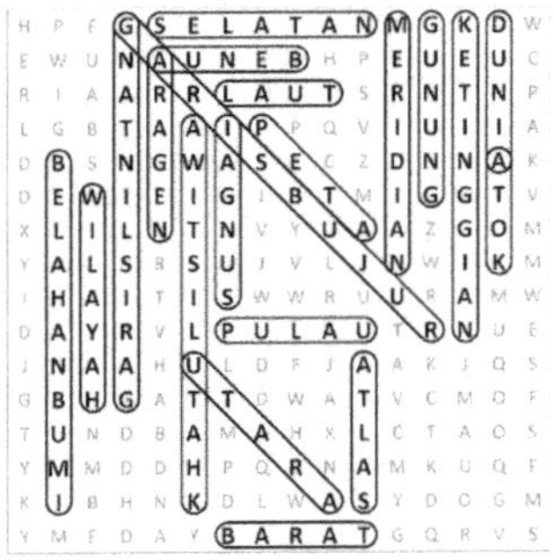

## 86 - Danse

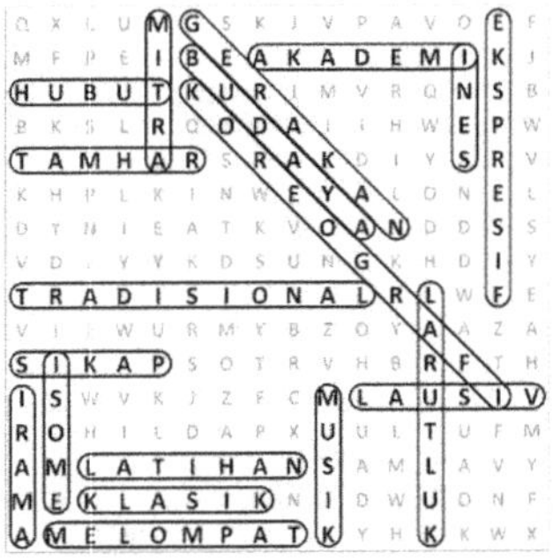

## 87 - Bâtiments

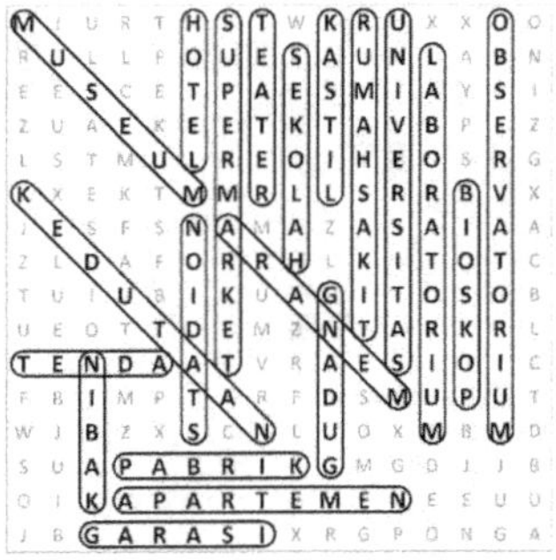

## 88 - Activités et Loisirs

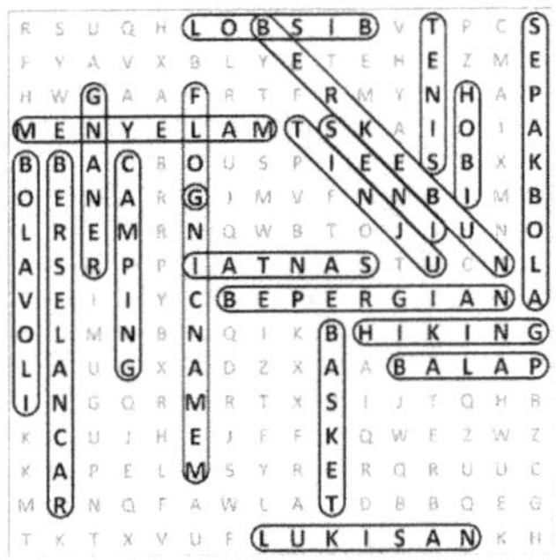

## 89 - Livres

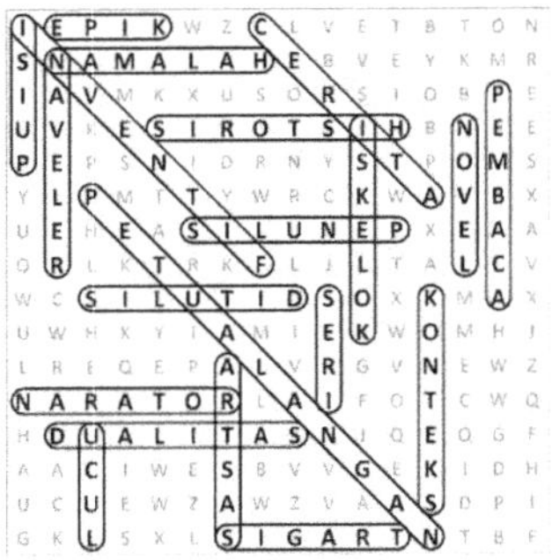

## 90 - Pays #2

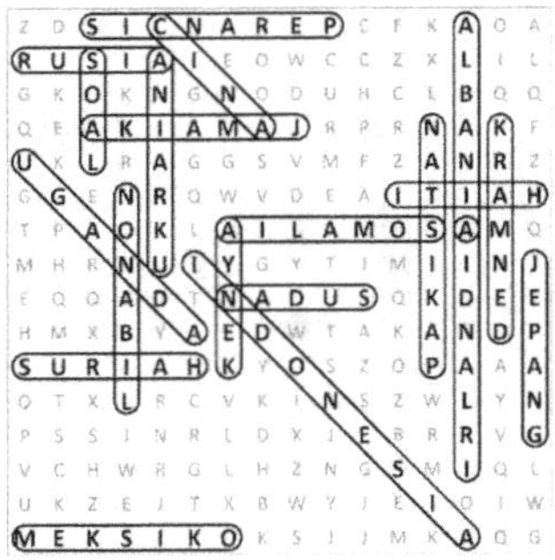

## 91 - Fournitures d'Art

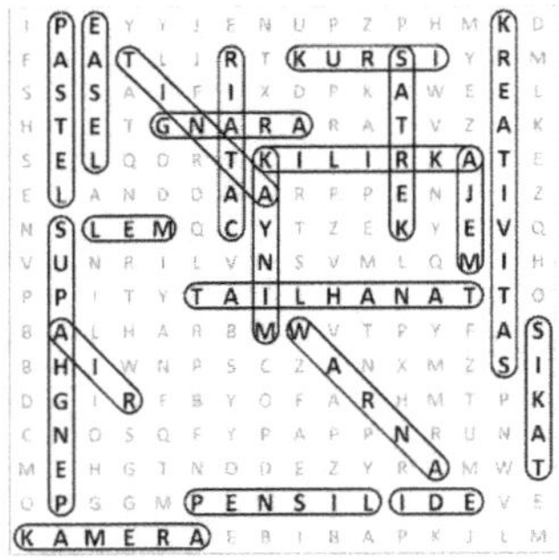

## 92 - Jazz

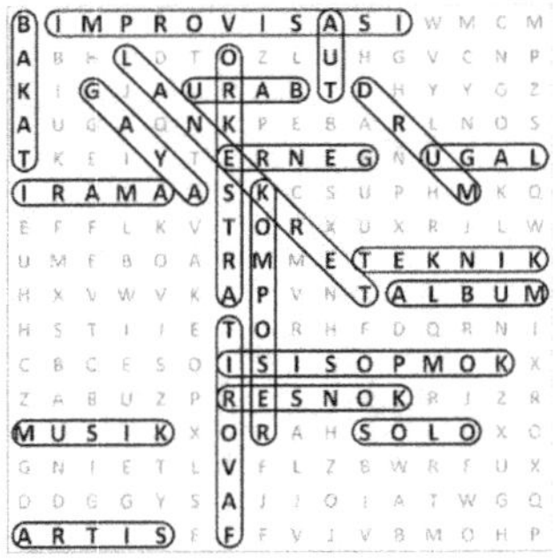

## 93 - Paysages

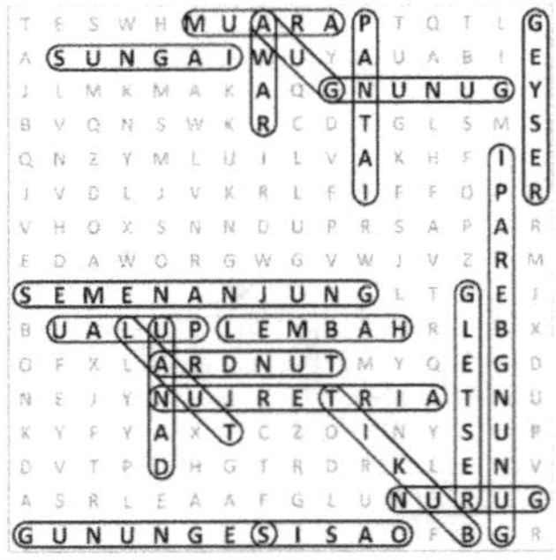

## 94 - Pays #1

## 95 - Nombres

## 96 - Psychologie

## 97 - Nature

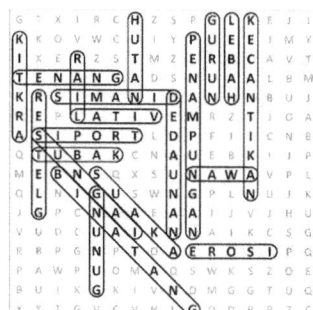

## 98 - Chimie

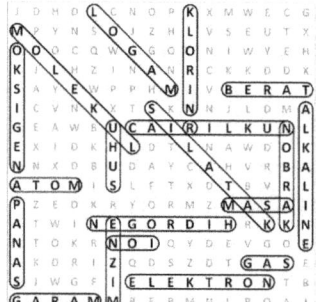

## 99 - Bateaux

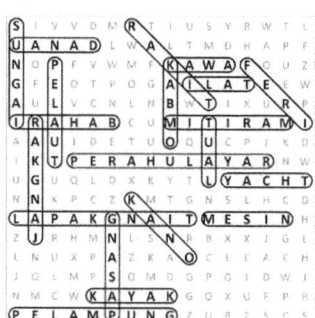

## 100 - Mesures

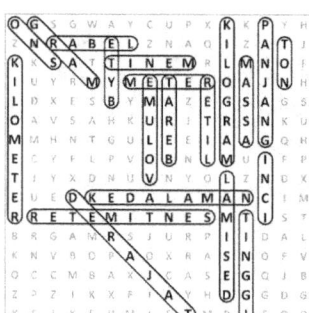

# Dictionnaire

## Activités
### Kegiatan

| | |
|---|---|
| Activité | Aktivitas |
| Art | Seni |
| Artisanat | Kerajinan |
| Camping | Camping |
| Céramique | Keramik |
| Chasse | Berburu |
| Compétence | Keahlian |
| Couture | Jahit |
| Intérêts | Minat |
| Jardinage | Berkebun |
| Jeux | Permainan |
| Lecture | Membaca |
| Loisir | Rekreasi |
| Magie | Sihir |
| Peinture | Lukisan |
| Pêche | Memancing |
| Photographie | Fotografi |
| Plaisir | Kesenangan |
| Randonnée | Hiking |
| Relaxation | Relaksasi |

## Activités et Loisirs
### Aktivitas dan Kenyamanan

| | |
|---|---|
| Art | Seni |
| Base-Ball | Bisbol |
| Basket-Ball | Basket |
| Boxe | Tinju |
| Camping | Camping |
| Course | Balap |
| Football | Sepak Bola |
| Golf | Golf |
| Jardinage | Berkebun |
| Nager | Renang |
| Passe-Temps | Hobi |
| Peinture | Lukisan |
| Pêche | Memancing |
| Plongée | Menyelam |
| Randonnée | Hiking |
| Relaxant | Santai |
| Surf | Berselancar |
| Tennis | Tenis |
| Volley-Ball | Bola Voli |
| Voyage | Bepergian |

## Adjectifs #1
### Kata Sifat # 1

| | |
|---|---|
| Absolu | Mutlak |
| Actif | Aktif |
| Ambitieux | Ambisius |
| Aromatique | Aromatik |
| Artistique | Artistik |
| Attractif | Menarik |
| Beau | Indah |
| Exotique | Eksotis |
| Énorme | Besar |
| Généreux | Dermawan |
| Honnête | Jujur |
| Identique | Identik |
| Important | Penting |
| Innocent | Lugu |
| Jeune | Muda |
| Lent | Lambat |
| Lourd | Berat |
| Mince | Tipis |
| Moderne | Modern |
| Parfait | Sempurna |

## Adjectifs #2
### Kata Sifat #2

| | |
|---|---|
| Authentique | Asli |
| Célèbre | Terkenal |
| Chaud | Panas |
| Créatif | Kreatif |
| Descriptif | Deskriptif |
| Doué | Berbakat |
| Dramatique | Dramatis |
| Élégant | Elegan |
| Fier | Bangga |
| Fort | Kuat |
| Intéressant | Menarik |
| Naturel | Alami |
| Nouveau | Baru |
| Productif | Produktif |
| Pur | Murni |
| Sain | Sehat |
| Salé | Asin |
| Sauvage | Liar |
| Sec | Kering |
| Somnolent | Mengantuk |

## Agronomie
### Agronomi

| | |
|---|---|
| Agriculture | Pertanian |
| Croissance | Pertumbuhan |
| Eau | Air |
| Engrais | Pupuk |
| Environnement | Lingkungan |
| Écologie | Ekologi |
| Énergie | Energi |
| Érosion | Erosi |
| Étude | Belajar |
| Graines | Benih |
| Identification | Identifikasi |
| Légumes | Sayuran |
| Maladies | Penyakit |
| Nourriture | Makanan |
| Pollution | Polusi |
| Production | Produksi |
| Recherche | Riset |
| Rural | Pedesaan |
| Science | Ilmu |
| Systèmes | Sistem |

## Algèbre
### Aljabar

| | |
|---|---|
| Diagramme | Diagram |
| Exposant | Eksponen |
| Équation | Persamaan |
| Facteur | Faktor |
| Faux | Salah |
| Formule | Rumus |
| Fraction | Fraksi |
| Graphique | Grafik |
| Infini | Tak Terbatas |
| Linéaire | Linear |
| Matrice | Matriks |
| Nombre | Nomor |
| Parenthèse | Kurung |
| Problème | Masalah |
| Quantité | Kuantitas |
| Solution | Solusi |
| Somme | Jumlah |
| Soustraction | Pengurangan |
| Variable | Variabel |
| Zéro | Nol |

## Antarctique
### Antartika

| | |
|---|---|
| **Baie** | Teluk |
| **Baleines** | Paus |
| **Chercheur** | Peneliti |
| **Conservation** | Konservasi |
| **Continent** | Benua |
| **Eau** | Air |
| **Environnement** | Lingkungan |
| **Expédition** | Ekspedisi |
| **Géographie** | Geografi |
| **Glace** | Es |
| **Glaciers** | Gletser |
| **Îles** | Pulau |
| **Migration** | Migrasi |
| **Minéraux** | Mineral |
| **Oiseaux** | Burung |
| **Péninsule** | Semenanjung |
| **Rocheux** | Rocky |
| **Scientifique** | Ilmiah |
| **Température** | Suhu |
| **Topographie** | Topografi |

## Antiquités
### Barang Antik

| | |
|---|---|
| **Art** | Seni |
| **Authentique** | Asli |
| **Bijoux** | Perhiasan |
| **Décoratif** | Dekoratif |
| **Enchères** | Lelang |
| **Élégant** | Elegan |
| **Galerie** | Galeri |
| **Inhabituel** | Tidak Biasa |
| **Investissement** | Investasi |
| **Meubles** | Mebel |
| **Peintures** | Lukisan |
| **Pièces** | Koin |
| **Prix** | Harga |
| **Qualité** | Kualitas |
| **Restauration** | Restorasi |
| **Sculpture** | Patung |
| **Siècle** | Abad |
| **Style** | Gaya |
| **Valeur** | Nilai |
| **Vieux** | Tua |

## Archéologie
### Arkeologi

| | |
|---|---|
| **Analyse** | Analisis |
| **Antiquité** | Jaman Dahulu |
| **Chercheur** | Peneliti |
| **Civilisation** | Peradaban |
| **Descendant** | Keturunan |
| **Expert** | Ahli |
| **Ère** | Zaman |
| **Équipe** | Tim |
| **Évaluation** | Evaluasi |
| **Fossile** | Fosil |
| **Inconnu** | Diketahui |
| **Mystère** | Misteri |
| **Objets** | Objek |
| **Os** | Tulang |
| **Oublié** | Dilupakan |
| **Poterie** | Tembikar |
| **Professeur** | Profesor |
| **Relique** | Relik |
| **Temple** | Kuil |
| **Tombe** | Makam |

## Arts Visuels
### Seni Visual

| | |
|---|---|
| **Architecture** | Arsitektur |
| **Argile** | Tanah Liat |
| **Artiste** | Artis |
| **Céramique** | Keramik |
| **Charbon** | Arang |
| **Chef-D'Œuvre** | Mahakarya |
| **Chevalet** | Penyangga |
| **Cire** | Lilin |
| **Composition** | Komposisi |
| **Craie** | Kapur |
| **Crayon** | Pensil |
| **Créativité** | Kreativitas |
| **Film** | Film |
| **Peinture** | Lukisan |
| **Perspective** | Perspektif |
| **Photographie** | Foto |
| **Portrait** | Potret |
| **Sculpture** | Patung |
| **Stylo** | Pena |
| **Vernis** | Pernis |

## Astronomie
### Astronomi

| | |
|---|---|
| **Astéroïde** | Asteroid |
| **Astronaute** | Astronot |
| **Astronome** | Astronom |
| **Ciel** | Langit |
| **Constellation** | Konstelasi |
| **Cosmos** | Kosmos |
| **Éclipse** | Gerhana |
| **Équinoxe** | Equinox |
| **Fusée** | Roket |
| **Galaxie** | Galaksi |
| **Lune** | Bulan |
| **Météore** | Meteor |
| **Nébuleuse** | Nebula |
| **Observatoire** | Observatorium |
| **Planète** | Planet |
| **Radiation** | Radiasi |
| **Solaire** | Surya |
| **Supernova** | Supernova |
| **Terre** | Bumi |
| **Univers** | Alam Semesta |

## Aventure
### Petualangan

| | |
|---|---|
| **Activité** | Aktivitas |
| **Beauté** | Kecantikan |
| **Bravoure** | Keberanian |
| **Chance** | Kesempatan |
| **Dangereux** | Berbahaya |
| **Destination** | Tujuan |
| **Difficulté** | Kesulitan |
| **Enthousiasme** | Antusiasme |
| **Excursion** | Pesiar |
| **Inhabituel** | Tidak Biasa |
| **Itinéraire** | Jadwal |
| **Joie** | Kegembiraan |
| **Nature** | Alam |
| **Navigation** | Navigasi |
| **Nouveau** | Baru |
| **Opportunité** | Peluang |
| **Préparation** | Persiapan |
| **Sécurité** | Keamanan |
| **Surprenant** | Mengejutkan |
| **Voyages** | Perjalanan |

### Avions
#### Pesawat Terbang

| | |
|---|---|
| **Air** | Udara |
| **Altitude** | Ketinggian |
| **Atmosphère** | Suasana |
| **Atterrissage** | Pendaratan |
| **Aventure** | Petualangan |
| **Ballon** | Balon |
| **Carburant** | Bahan Bakar |
| **Ciel** | Langit |
| **Construction** | Konstruksi |
| **Descente** | Keturunan |
| **Direction** | Arah |
| **Équipage** | Awak |
| **Gonfler** | Mengembang |
| **Hauteur** | Tinggi |
| **Histoire** | Sejarah |
| **Hydrogène** | Hidrogen |
| **Moteur** | Mesin |
| **Passager** | Penumpang |
| **Pilote** | Pilot |
| **Turbulence** | Turbulensi |

### Ballet
#### Balet

| | |
|---|---|
| **Applaudissement** | Tepuk Tangan |
| **Artistique** | Artistik |
| **Ballerine** | Balerina |
| **Chorégraphie** | Koreografi |
| **Compétence** | Keahlian |
| **Compositeur** | Komposer |
| **Danseurs** | Penari |
| **Expressif** | Ekspresif |
| **Geste** | Sikap |
| **Gracieux** | Anggun |
| **Intensité** | Intensitas |
| **Muscles** | Otot |
| **Musique** | Musik |
| **Orchestre** | Orkestra |
| **Public** | Hadirin |
| **Répétition** | Latihan |
| **Rythme** | Irama |
| **Solo** | Solo |
| **Style** | Gaya |
| **Technique** | Teknik |

### Barbecues
#### Barbekyu

| | |
|---|---|
| **Chaud** | Panas |
| **Couteaux** | Pisau |
| **Déjeuner** | Makan Siang |
| **Dîner** | Makan Malam |
| **Enfants** | Anak |
| **Été** | Musim Panas |
| **Faim** | Kelaparan |
| **Famille** | Keluarga |
| **Fruit** | Buah |
| **Gril** | Grill |
| **Jeux** | Permainan |
| **Légumes** | Sayuran |
| **Musique** | Musik |
| **Oignons** | Bawang |
| **Poivre** | Lada |
| **Poulet** | Ayam |
| **Salades** | Salad |
| **Sauce** | Saus |
| **Sel** | Garam |
| **Tomates** | Tomat |

### Bateaux
#### Perahu

| | |
|---|---|
| **Ancre** | Jangkar |
| **Bouée** | Pelampung |
| **Canoë** | Kano |
| **Corde** | Tali |
| **Équipage** | Awak |
| **Ferry** | Feri |
| **Fleuve** | Sungai |
| **Kayak** | Kayak |
| **Lac** | Danau |
| **Marée** | Pasang |
| **Marin** | Pelaut |
| **Maritime** | Maritim |
| **Mât** | Tiang Kapal |
| **Mer** | Laut |
| **Moteur** | Mesin |
| **Nautique** | Bahari |
| **Radeau** | Rakit |
| **Vagues** | Ombak |
| **Voilier** | Perahu Layar |
| **Yacht** | Yacht |

### Bâtiments
#### Bangunan

| | |
|---|---|
| **Ambassade** | Kedutaan |
| **Appartement** | Apartemen |
| **Cabine** | Kabin |
| **Château** | Kastil |
| **Cinéma** | Bioskop |
| **École** | Sekolah |
| **Garage** | Garasi |
| **Grange** | Gudang |
| **Hôpital** | Rumah Sakit |
| **Hôtel** | Hotel |
| **Laboratoire** | Laboratorium |
| **Musée** | Museum |
| **Observatoire** | Observatorium |
| **Stade** | Stadion |
| **Supermarché** | Supermarket |
| **Tente** | Tenda |
| **Théâtre** | Teater |
| **Tour** | Menara |
| **Université** | Universitas |
| **Usine** | Pabrik |

### Beauté
#### Kecantikan

| | |
|---|---|
| **Boucles** | Ikal |
| **Charme** | Pesona |
| **Ciseaux** | Gunting |
| **Cosmétique** | Kosmetik |
| **Couleur** | Warna |
| **Élégance** | Keanggunan |
| **Élégant** | Elegan |
| **Grâce** | Rahmat |
| **Huiles** | Minyak |
| **Lisse** | Halus |
| **Maquillage** | Dandan |
| **Mascara** | Maskara |
| **Miroir** | Cermin |
| **Parfum** | Wangi |
| **Peau** | Kulit |
| **Photogénique** | Fotogenik |
| **Rouge à Lèvres** | Lipstik |
| **Services** | Jasa |
| **Shampooing** | Sampo |
| **Styliste** | Stylist |

## Biologie
### Biologi

| | |
|---|---|
| **Anatomie** | Anatomi |
| **Bactéries** | Bakteri |
| **Cellule** | Sel |
| **Chromosome** | Kromosom |
| **Collagène** | Kolagen |
| **Embryon** | Embrio |
| **Enzyme** | Enzim |
| **Évolution** | Evolusi |
| **Hormone** | Hormon |
| **Mammifère** | Mamalia |
| **Mutation** | Mutasi |
| **Naturel** | Alami |
| **Nerf** | Saraf |
| **Neurone** | Neuron |
| **Osmose** | Osmosis |
| **Photosynthèse** | Fotosintesis |
| **Protéine** | Protein |
| **Reptile** | Reptil |
| **Symbiose** | Simbiosis |
| **Synapse** | Sinaps |

## Boxe
### Tinju.

| | |
|---|---|
| **Adversaire** | Lawan |
| **Arbitre** | Wasit |
| **Cloche** | Lonceng |
| **Coin** | Sudut |
| **Combattant** | Pejuang |
| **Compétence** | Keahlian |
| **Concentrer** | Fokus |
| **Cordes** | Tali |
| **Corps** | Tubuh |
| **Coude** | Siku |
| **Coup** | Menendang |
| **Épuisé** | Lelah |
| **Force** | Kekuatan |
| **Gants** | Sarung Tangan |
| **Menton** | Dagu |
| **Poing** | Tinju |
| **Points** | Poin |
| **Rapide** | Cepat |
| **Récupération** | Pemulihan |

## Café
### Kopi

| | |
|---|---|
| **Acide** | Asam |
| **Amer** | Pahit |
| **Arôme** | Aroma |
| **Boisson** | Minuman |
| **Caféine** | Kafein |
| **Crème** | Krim |
| **Eau** | Air |
| **Filtre** | Saring |
| **Lait** | Susu |
| **Liquide** | Cair |
| **Matin** | Pagi |
| **Moudre** | Menggiling |
| **Noir** | Hitam |
| **Origine** | Asal |
| **Prix** | Harga |
| **Rôti** | Panggang |
| **Saveur** | Rasa |
| **Sucre** | Gula |
| **Tasse** | Cangkir |
| **Variété** | Variasi |

## Camping
### Berkemah

| | |
|---|---|
| **Animaux** | Binatang |
| **Arbres** | Pohon |
| **Aventure** | Petualangan |
| **Boussole** | Kompas |
| **Cabine** | Kabin |
| **Canoë** | Kano |
| **Carte** | Peta |
| **Chapeau** | Topi |
| **Chasse** | Berburu |
| **Corde** | Tali |
| **Équipement** | Peralatan |
| **Feu** | Api |
| **Forêt** | Hutan |
| **Insecte** | Serangga |
| **Lac** | Danau |
| **Lanterne** | Lentera |
| **Lune** | Bulan |
| **Montagne** | Gunung |
| **Nature** | Alam |
| **Tente** | Tenda |

## Chimie
### Kimia

| | |
|---|---|
| **Acide** | Asam |
| **Alcalin** | Alkaline |
| **Atomique** | Atom |
| **Carbone** | Karbon |
| **Catalyseur** | Katalis |
| **Chaleur** | Panas |
| **Chlore** | Klorin |
| **Enzyme** | Enzim |
| **Électron** | Elektron |
| **Gaz** | Gas |
| **Hydrogène** | Hidrogen |
| **Ion** | Ion |
| **Liquide** | Cair |
| **Métaux** | Logam |
| **Molécule** | Molekul |
| **Nucléaire** | Nuklir |
| **Oxygène** | Oksigen |
| **Poids** | Berat |
| **Sel** | Garam |
| **Température** | Suhu |

## Chocolat
### Cokelat

| | |
|---|---|
| **Amer** | Pahit |
| **Antioxydant** | Antioksidan |
| **Arôme** | Aroma |
| **Artisanal** | Artisanal |
| **Bonbon** | Permen |
| **Cacahuètes** | Kacang |
| **Cacao** | Kakao |
| **Calories** | Kalori |
| **Caramel** | Karamel |
| **Délicieux** | Lezat |
| **Doux** | Manis |
| **Exotique** | Eksotis |
| **Favori** | Favorit |
| **Goût** | Rasa |
| **Ingrédient** | Bahan |
| **Noix de Coco** | Kelapa |
| **Poudre** | Bubuk |
| **Qualité** | Kualitas |
| **Recette** | Resep |
| **Sucre** | Gula |

## Conduite
### Mengemudi

| | |
|---|---|
| **Accident** | Kecelakaan |
| **Camion** | Truk |
| **Carburant** | Bahan Bakar |
| **Carte** | Peta |
| **Danger** | Bahaya |
| **Freins** | Rem |
| **Garage** | Garasi |
| **Gaz** | Gas |
| **Licence** | Lisensi |
| **Moteur** | Motor |
| **Moto** | Sepeda Motor |
| **Piéton** | Pejalan Kaki |
| **Police** | Polisi |
| **Route** | Jalan |
| **Sécurité** | Keamanan |
| **Trafic** | Lalu Lintas |
| **Transport** | Transportasi |
| **Tunnel** | Terowongan |
| **Vitesse** | Kecepatan |
| **Voiture** | Mobil |

## Corps Humain
### Tubuh Manusia

| | |
|---|---|
| **Bouche** | Mulut |
| **Cerveau** | Otak |
| **Cou** | Leher |
| **Coude** | Siku |
| **Cœur** | Hati |
| **Doigt** | Jari |
| **Estomac** | Perut |
| **Épaule** | Bahu |
| **Genou** | Lutut |
| **Langue** | Lidah |
| **Lèvres** | Bibir |
| **Main** | Tangan |
| **Mâchoire** | Rahang |
| **Menton** | Dagu |
| **Nez** | Hidung |
| **Oreille** | Telinga |
| **Peau** | Kulit |
| **Sang** | Darah |
| **Tête** | Kepala |
| **Visage** | Wajah |

## Créativité
### Kreativitas

| | |
|---|---|
| **Artistique** | Artistik |
| **Authenticité** | Keaslian |
| **Clarté** | Kejelasan |
| **Compétence** | Keahlian |
| **Dramatique** | Dramatis |
| **Expression** | Ekspresi |
| **Émotions** | Emosi |
| **Fluidité** | Fluiditas |
| **Idées** | Ide |
| **Image** | Gambar |
| **Imagination** | Imajinasi |
| **Impression** | Kesan |
| **Inspiration** | Inspirasi |
| **Intensité** | Intensitas |
| **Intuition** | Intuisi |
| **Inventif** | Inventif |
| **Sensation** | Sensasi |
| **Spontané** | Spontan |
| **Visions** | Visi |
| **Vitalité** | Daya Hidup |

## Danse
### Menari

| | |
|---|---|
| **Académie** | Akademi |
| **Art** | Seni |
| **Chorégraphie** | Koreografi |
| **Classique** | Klasik |
| **Corps** | Tubuh |
| **Culture** | Budaya |
| **Culturel** | Kultural |
| **Expressif** | Ekspresif |
| **Émotion** | Emosi |
| **Grâce** | Rahmat |
| **Mouvement** | Gerakan |
| **Musique** | Musik |
| **Partenaire** | Mitra |
| **Posture** | Sikap |
| **Répétition** | Latihan |
| **Rythme** | Irama |
| **Saut** | Melompat |
| **Traditionnel** | Tradisional |
| **Visuel** | Visual |

## Diplomatie
### Diplomasi

| | |
|---|---|
| **Ambassade** | Kedutaan |
| **Ambassadeur** | Duta Besar |
| **Citoyens** | Warga |
| **Communauté** | Komunitas |
| **Conflit** | Konflik |
| **Conseiller** | Penasihat |
| **Coopération** | Kerja Sama |
| **Diplomatique** | Diplomatik |
| **Discussion** | Diskusi |
| **Éthique** | Etika |
| **Étranger** | Asing |
| **Gouvernement** | Pemerintah |
| **Humanitaire** | Kemanusiaan |
| **Intégrité** | Integritas |
| **Justice** | Keadilan |
| **Politique** | Politik |
| **Résolution** | Resolusi |
| **Sécurité** | Keamanan |
| **Solution** | Solusi |
| **Traité** | Perjanjian |

## Disciplines Scientifiques
### Disiplin Ilmiah

| | |
|---|---|
| **Anatomie** | Anatomi |
| **Archéologie** | Arkeologi |
| **Astronomie** | Astronomi |
| **Biochimie** | Biokimia |
| **Biologie** | Biologi |
| **Botanique** | Botani |
| **Chimie** | Kimia |
| **Écologie** | Ekologi |
| **Géologie** | Geologi |
| **Immunologie** | Imunologi |
| **Linguistique** | Linguistik |
| **Mécanique** | Mekanika |
| **Météorologie** | Meteorologi |
| **Minéralogie** | Mineralogi |
| **Neurologie** | Neurologi |
| **Physiologie** | Fisiologi |
| **Psychologie** | Psikologi |
| **Sociologie** | Sosiologi |
| **Thermodynamique** | Termodinamika |
| **Zoologie** | Zoologi |

## Entreprise
### Bisnis

| | |
|---|---|
| **Argent** | Uang |
| **Boutique** | Toko |
| **Budget** | Anggaran |
| **Bureau** | Kantor |
| **Carrière** | Karier |
| **Coût** | Biaya |
| **Devise** | Mata Uang |
| **Employeur** | Majikan |
| **Employé** | Karyawan |
| **Entreprise** | Perusahaan |
| **Économie** | Ekonomi |
| **Finance** | Keuangan |
| **Impôts** | Pajak |
| **Investissement** | Investasi |
| **Profit** | Laba |
| **Revenu** | Pendapatan |
| **Réduction** | Diskon |
| **Transaction** | Transaksi |
| **Usine** | Pabrik |
| **Vente** | Penjualan |

## Escalade
### Pendakian

| | |
|---|---|
| **Altitude** | Ketinggian |
| **Atmosphère** | Suasana |
| **Blessure** | Cedera |
| **Bottes** | Sepatu Bot |
| **Carte** | Peta |
| **Casque** | Helm |
| **Curiosité** | Keingintahuan |
| **Défis** | Tantangan |
| **Expert** | Ahli |
| **Étroit** | Sempit |
| **Force** | Kekuatan |
| **Formation** | Pelatihan |
| **Gants** | Sarung Tangan |
| **Grotte** | Gua |
| **Guides** | Panduan |
| **Physique** | Fisik |
| **Randonnée** | Hiking |
| **Stabilité** | Stabilitas |
| **Terrain** | Medan |

## Échecs
### Catur

| | |
|---|---|
| **Adversaire** | Lawan |
| **Blanc** | Putih |
| **Champion** | Juara |
| **Concours** | Kontes |
| **Défis** | Tantangan |
| **Diagonal** | Diagonal |
| **Intelligent** | Cerdik |
| **Jeu** | Permainan |
| **Joueur** | Pemain |
| **Noir** | Hitam |
| **Passif** | Pasif |
| **Points** | Poin |
| **Reine** | Ratu |
| **Règles** | Aturan |
| **Roi** | Raja |
| **Sacrifice** | Pengorbanan |
| **Stratégie** | Strategi |
| **Temps** | Waktu |
| **Tournoi** | Turnamen |

## Écologie
### Ekologi

| | |
|---|---|
| **Bénévoles** | Relawan |
| **Climat** | Iklim |
| **Communautés** | Komunitas |
| **Diversité** | Perbedaan |
| **Durable** | Berkelanjutan |
| **Espèce** | Jenis |
| **Faune** | Fauna |
| **Flore** | Flora |
| **Global** | Global |
| **Habitat** | Habitat |
| **Marais** | Rawa |
| **Marin** | Laut |
| **Montagnes** | Gunung |
| **Nature** | Alam |
| **Naturel** | Alami |
| **Plantes** | Tanaman |
| **Ressources** | Sumber Daya |
| **Sécheresse** | Kekeringan |
| **Variété** | Variasi |
| **Végétation** | Vegetasi |

## Énergie
### Energi

| | |
|---|---|
| **Batterie** | Baterai |
| **Carbone** | Karbon |
| **Carburant** | Bahan Bakar |
| **Chaleur** | Panas |
| **Diesel** | Diesel |
| **Entropie** | Entropi |
| **Environnement** | Lingkungan |
| **Essence** | Bensin |
| **Électrique** | Listrik |
| **Électron** | Elektron |
| **Hydrogène** | Hidrogen |
| **Industrie** | Industri |
| **Moteur** | Motor |
| **Nucléaire** | Nuklir |
| **Photon** | Foton |
| **Pollution** | Polusi |
| **Renouvelable** | Terbarukan |
| **Soleil** | Matahari |
| **Turbine** | Turbin |
| **Vent** | Angin |

## Épices
### Rempah-Rempah

| | |
|---|---|
| **Aigre** | Asam |
| **Ail** | Bawang Putih |
| **Amer** | Pahit |
| **Anis** | Anise |
| **Cannelle** | Kayu Manis |
| **Cardamome** | Kapulaga |
| **Coriandre** | Ketumbar |
| **Cumin** | Jinten |
| **Curry** | Kari |
| **Fenouil** | Adas |
| **Gingembre** | Jahe |
| **Muscade** | Pala |
| **Oignon** | Bawang |
| **Paprika** | Paprika |
| **Poivre** | Lada |
| **Réglisse** | Licorice |
| **Safran** | Kunyit |
| **Saveur** | Rasa |
| **Sel** | Garam |
| **Vanille** | Vanila |

## Ferme #1
### Peternakan #1

| | |
|---|---|
| **Abeille** | Lebah |
| **Agriculture** | Pertanian |
| **Âne** | Keledai |
| **Bison** | Bison |
| **Champ** | Bidang |
| **Chat** | Kucing |
| **Cheval** | Kuda |
| **Chèvre** | Kambing |
| **Chien** | Anjing |
| **Clôture** | Pagar |
| **Corbeau** | Gagak |
| **Eau** | Air |
| **Engrais** | Pupuk |
| **Foin** | Jerami |
| **Miel** | Sayang |
| **Poulet** | Ayam |
| **Riz** | Nasi |
| **Troupeau** | Kawanan |
| **Vache** | Sapi |
| **Veau** | Betis |

## Ferme #2
### Peternakan #2

| | |
|---|---|
| **Agriculteur** | Petani |
| **Animaux** | Binatang |
| **Berger** | Gembala |
| **Blé** | Gandum |
| **Canard** | Bebek |
| **Fruit** | Buah |
| **Grange** | Gudang |
| **Irrigation** | Irigasi |
| **Lait** | Susu |
| **Lama** | Llama |
| **Légume** | Sayur-Mayur |
| **Maïs** | Jagung |
| **Mouton** | Domba |
| **Mûr** | Matang |
| **Nourriture** | Makanan |
| **Orge** | Jelai |
| **Pré** | Padang Rumput |
| **Ruche** | Beehive |
| **Tracteur** | Traktor |
| **Verger** | Orchard |

## Fleurs
### Bunga-Bunga

| | |
|---|---|
| **Bouquet** | Buket |
| **Gardénia** | Gardenia |
| **Hibiscus** | Hibiscus |
| **Jasmin** | Melati |
| **Jonquille** | Daffodil |
| **Lavande** | Lavender |
| **Lilas** | Lilac |
| **Lys** | Lily |
| **Magnolia** | Magnolia |
| **Marguerite** | Daisy |
| **Orchidée** | Anggrek |
| **Passiflore** | Passionflower |
| **Pavot** | Poppy |
| **Pétale** | Kelopak |
| **Pissenlit** | Dandelion |
| **Pivoine** | Peony |
| **Plumeria** | Plumeria |
| **Rose** | Mawar |
| **Trèfle** | Semanggi |
| **Tulipe** | Tulip |

## Force et Gravité
### Gaya dan Gravitasi

| | |
|---|---|
| **Axe** | Sumbu |
| **Centre** | Pusat |
| **Découverte** | Penemuan |
| **Distance** | Jarak |
| **Dynamique** | Dinamis |
| **Expansion** | Ekspansi |
| **Friction** | Gesekan |
| **Impact** | Dampak |
| **Magnétisme** | Magnetisme |
| **Mécanique** | Mekanika |
| **Mouvement** | Gerak |
| **Orbite** | Orbit |
| **Physique** | Fisika |
| **Planètes** | Planet |
| **Poids** | Berat |
| **Pression** | Tekanan |
| **Propriétés** | Properti |
| **Temps** | Waktu |
| **Universel** | Universal |
| **Vitesse** | Kecepatan |

## Formes
### Bentuk

| | |
|---|---|
| **Arc** | Arc |
| **Bords** | Tepi |
| **Carré** | Persegi |
| **Cercle** | Lingkaran |
| **Coin** | Sudut |
| **Courbe** | Kurva |
| **Cône** | Kerucut |
| **Côté** | Sisi |
| **Cube** | Kubus |
| **Cylindre** | Silinder |
| **Ellipse** | Elips |
| **Hyperbole** | Hiperbola |
| **Ligne** | Garis |
| **Ovale** | Oval |
| **Polygone** | Poligon |
| **Prisme** | Prisma |
| **Pyramide** | Piramida |
| **Rond** | Bulat |
| **Sphère** | Bola |
| **Triangle** | Segitiga |

## Fournitures d'Art
### Perlengkapan Seni

| | |
|---|---|
| **Acrylique** | Akrilik |
| **Aquarelles** | Cat Air |
| **Argile** | Tanah Liat |
| **Brosses** | Sikat |
| **Caméra** | Kamera |
| **Chaise** | Kursi |
| **Charbon** | Arang |
| **Chevalet** | Easel |
| **Colle** | Lem |
| **Couleurs** | Warna |
| **Crayons** | Pensil |
| **Créativité** | Kreativitas |
| **Eau** | Air |
| **Encre** | Tinta |
| **Gomme** | Penghapus |
| **Huile** | Minyak |
| **Idées** | Ide |
| **Papier** | Kertas |
| **Pastels** | Pastel |
| **Table** | Meja |

## Fruit
### Buah

| | |
|---|---|
| **Abricot** | Aprikot |
| **Ananas** | Nanas |
| **Avocat** | Alpukat |
| **Baie** | Berry |
| **Banane** | Pisang |
| **Cerise** | Ceri |
| **Citron** | Lemon |
| **Figue** | Ara |
| **Framboise** | Raspberry |
| **Goyave** | Jambu |
| **Kiwi** | Kiwi |
| **Mangue** | Mangga |
| **Melon** | Melon |
| **Nectarine** | Nectarine |
| **Orange** | Jeruk |
| **Papaye** | Pepaya |
| **Pêche** | Persik |
| **Poire** | Pir |
| **Pomme** | Apel |
| **Raisin** | Anggur |

## Géographie
### Geografi

| | |
|---|---|
| **Altitude** | Ketinggian |
| **Atlas** | Atlas |
| **Carte** | Peta |
| **Continent** | Benua |
| **Équateur** | Khatulistiwa |
| **Fleuve** | Sungai |
| **Hémisphère** | Belahan Bumi |
| **Île** | Pulau |
| **Latitude** | Garis Lintang |
| **Longitude** | Garis Bujur |
| **Mer** | Laut |
| **Méridien** | Meridian |
| **Monde** | Dunia |
| **Montagne** | Gunung |
| **Nord** | Utara |
| **Ouest** | Barat |
| **Pays** | Negara |
| **Sud** | Selatan |
| **Territoire** | Wilayah |
| **Ville** | Kota |

## Géologie
### Geologi

| | |
|---|---|
| **Acide** | Asam |
| **Calcium** | Kalsium |
| **Caverne** | Gua |
| **Continent** | Benua |
| **Corail** | Karang |
| **Couche** | Lapisan |
| **Cristaux** | Kristal |
| **Érosion** | Erosi |
| **Fondu** | Cair |
| **Fossile** | Fosil |
| **Geyser** | Geyser |
| **Lave** | Lahar |
| **Minéraux** | Mineral |
| **Pierre** | Batu |
| **Quartz** | Kuarsa |
| **Sel** | Garam |
| **Stalactite** | Stalaktit |
| **Stalagmites** | Stalagmit |
| **Volcan** | Gunung Berapi |
| **Zone** | Zona |

## Géométrie
### Geometri

| | |
|---|---|
| **Angle** | Sudut |
| **Calcul** | Kalkulasi |
| **Cercle** | Lingkaran |
| **Courbe** | Kurva |
| **Diamètre** | Diameter |
| **Dimension** | Dimensi |
| **Équation** | Persamaan |
| **Hauteur** | Tinggi |
| **Logique** | Logika |
| **Masse** | Massa |
| **Médian** | Median |
| **Nombre** | Nomor |
| **Parallèle** | Paralel |
| **Proportion** | Proporsi |
| **Segment** | Segmen |
| **Surface** | Permukaan |
| **Symétrie** | Simetri |
| **Théorie** | Teori |
| **Triangle** | Segitiga |
| **Vertical** | Vertikal |

## Gouvernement
### Pemerintah

| | |
|---|---|
| **Civil** | Sipil |
| **Constitution** | Konstitusi |
| **Démocratie** | Demokrasi |
| **Discours** | Pidato |
| **Discussion** | Diskusi |
| **District** | Distrik |
| **Droits** | Hak |
| **Égalité** | Kesetaraan |
| **État** | Negara |
| **Indépendance** | Kemerdekaan |
| **Judiciaire** | Peradilan |
| **Justice** | Keadilan |
| **Liberté** | Liberty |
| **Loi** | Hukum |
| **Monument** | Monumen |
| **Nation** | Bangsa |
| **National** | Nasional |
| **Paisible** | Tenang |
| **Politique** | Politik |
| **Symbole** | Simbol |

## Herboristerie
### Herbalisme

| | |
|---|---|
| **Ail** | Bawang Putih |
| **Aromatique** | Aromatik |
| **Basilic** | Kemangi |
| **Bénéfique** | Bermanfaat |
| **Culinaire** | Kuliner |
| **Estragon** | Tarragon |
| **Fenouil** | Adas |
| **Fleur** | Bunga |
| **Ingrédient** | Bahan |
| **Jardin** | Kebun |
| **Lavande** | Lavender |
| **Marjolaine** | Marjoram |
| **Menthe** | Mint |
| **Persil** | Peterseli |
| **Qualité** | Kualitas |
| **Romarin** | Rosemary |
| **Safran** | Kunyit |
| **Saveur** | Rasa |
| **Thym** | Timi |
| **Vert** | Hijau |

### Ingénierie
Rekayasa

| | |
|---|---|
| **Angle** | Sudut |
| **Axe** | Sumbu |
| **Calcul** | Kalkulasi |
| **Construction** | Konstruksi |
| **Diagramme** | Diagram |
| **Diamètre** | Diameter |
| **Diesel** | Diesel |
| **Distribution** | Distribusi |
| **Énergie** | Energi |
| **Force** | Kekuatan |
| **Leviers** | Tuas |
| **Liquide** | Cair |
| **Machine** | Mesin |
| **Mesure** | Pengukuran |
| **Moteur** | Motor |
| **Profondeur** | Kedalaman |
| **Propulsion** | Propulsi |
| **Rotation** | Rotasi |
| **Stabilité** | Stabilitas |
| **Structure** | Struktur |

### Instruments de Musique
Instrumen Musik

| | |
|---|---|
| **Banjo** | Banjo |
| **Basson** | Bassoon |
| **Clarinette** | Klarinet |
| **Flûte** | Seruling |
| **Gong** | Gong |
| **Guitare** | Gitar |
| **Harmonica** | Harmonika |
| **Harpe** | Harpa |
| **Hautbois** | Obo |
| **Mandoline** | Mandolin |
| **Marimba** | Marimba |
| **Percussion** | Perkusi |
| **Piano** | Piano |
| **Saxophone** | Saksofon |
| **Tambour** | Drum |
| **Tambourin** | Rebana |
| **Trombone** | Trombon |
| **Trompette** | Terompet |
| **Violon** | Biola |
| **Violoncelle** | Selo |

### Jardin
Taman

| | |
|---|---|
| **Arbre** | Pohon |
| **Banc** | Bangku |
| **Buisson** | Semak |
| **Clôture** | Pagar |
| **Étang** | Kolam |
| **Fleur** | Bunga |
| **Garage** | Garasi |
| **Herbe** | Rumput |
| **Jardin** | Kebun |
| **Mauvaises Herbes** | Gulma |
| **Pelle** | Sekop |
| **Porche** | Beranda |
| **Râteau** | Menyapu |
| **Roches** | Batu |
| **Sol** | Tanah |
| **Terrasse** | Teras |
| **Trampoline** | Trampolin |
| **Tuyau** | Selang |
| **Verger** | Orchard |
| **Vigne** | Vine |

### Jazz
Jazz

| | |
|---|---|
| **Album** | Album |
| **Artiste** | Artis |
| **Célèbre** | Terkenal |
| **Chanson** | Lagu |
| **Compositeur** | Komposer |
| **Composition** | Komposisi |
| **Concert** | Konser |
| **Favoris** | Favorit |
| **Genre** | Genre |
| **Improvisation** | Improvisasi |
| **Musique** | Musik |
| **Nouveau** | Baru |
| **Orchestre** | Orkestra |
| **Rythme** | Irama |
| **Solo** | Solo |
| **Style** | Gaya |
| **Talent** | Bakat |
| **Tambours** | Drum |
| **Technique** | Teknik |
| **Vieux** | Tua |

### Jours et Mois
Hari dan Bulan

| | |
|---|---|
| **Août** | Agustus |
| **Avril** | April |
| **Calendrier** | Kalender |
| **Décembre** | Desember |
| **Dimanche** | Minggu |
| **Février** | Februari |
| **Janvier** | Januari |
| **Jeudi** | Kamis |
| **Juillet** | Juli |
| **Juin** | Juni |
| **Lundi** | Senin |
| **Mardi** | Selasa |
| **Mars** | Maret |
| **Mercredi** | Rabu |
| **Mois** | Bulan |
| **Novembre** | November |
| **Octobre** | Oktober |
| **Samedi** | Sabtu |
| **Septembre** | September |
| **Vendredi** | Jumat |

### L'Entreprise
Perusahaan

| | |
|---|---|
| **Affaires** | Bisnis |
| **Créatif** | Kreatif |
| **Décision** | Keputusan |
| **Emploi** | Pekerjaan |
| **Global** | Global |
| **Industrie** | Industri |
| **Innovant** | Inovatif |
| **Investissement** | Investasi |
| **Possibilité** | Kemungkinan |
| **Présentation** | Presentasi |
| **Produit** | Produk |
| **Professionnel** | Profesional |
| **Progrès** | Kemajuan |
| **Qualité** | Kualitas |
| **Ressources** | Sumber Daya |
| **Revenu** | Pendapatan |
| **Réputation** | Reputasi |
| **Risques** | Risiko |
| **Tendances** | Tren |
| **Unités** | Unit |

## Les Abeilles
### Lebah

| | |
|---|---|
| **Ailes** | Sayap |
| **Bénéfique** | Bermanfaat |
| **Cire** | Lilin |
| **Diversité** | Perbedaan |
| **Essaim** | Kawanan |
| **Écosystème** | Ekosistem |
| **Fleur** | Mekar |
| **Fleurs** | Bunga |
| **Fruit** | Buah |
| **Fumée** | Asap |
| **Habitat** | Habitat |
| **Insecte** | Serangga |
| **Jardin** | Kebun |
| **Miel** | Sayang |
| **Nourriture** | Makanan |
| **Plantes** | Tanaman |
| **Pollen** | Serbuk Sari |
| **Reine** | Ratu |
| **Ruche** | Sarang |
| **Soleil** | Matahari |

## Les Médias
### Media

| | |
|---|---|
| **Attitudes** | Sikap |
| **Commercial** | Komersial |
| **Communication** | Komunikasi |
| **En Ligne** | Daring |
| **Édition** | Edisi |
| **Éducation** | Pendidikan |
| **Faits** | Fakta |
| **Financement** | Pendanaan |
| **Individuel** | Individu |
| **Industrie** | Industri |
| **Intellectuel** | Intelektual |
| **Journaux** | Koran |
| **Local** | Lokal |
| **Numérique** | Digital |
| **Opinion** | Pendapat |
| **Photos** | Foto |
| **Public** | Umum |
| **Radio** | Radio |
| **Réseau** | Jaringan |
| **Télévision** | Televisi |

## Légumes
### Sayuran

| | |
|---|---|
| **Ail** | Bawang Putih |
| **Algue** | Rumput Laut |
| **Artichaut** | Artichoke |
| **Aubergine** | Terong |
| **Brocoli** | Brokoli |
| **Carotte** | Wortel |
| **Céleri** | Seledri |
| **Champignon** | Jamur |
| **Citrouille** | Labu |
| **Concombre** | Mentimun |
| **Échalote** | Bawang Merah |
| **Épinard** | Bayam |
| **Gingembre** | Jahe |
| **Navet** | Lobak |
| **Oignon** | Bawang |
| **Olive** | Zaitun |
| **Persil** | Peterseli |
| **Pois** | Kacang |
| **Salade** | Salad |
| **Tomate** | Tomat |

## Littérature
### Literatur

| | |
|---|---|
| **Analogie** | Analogi |
| **Analyse** | Analisis |
| **Anecdote** | Anekdot |
| **Auteur** | Penulis |
| **Biographie** | Biografi |
| **Comparaison** | Perbandingan |
| **Conclusion** | Kesimpulan |
| **Description** | Deskripsi |
| **Dialogue** | Dialog |
| **Fiction** | Fiksi |
| **Métaphore** | Metafora |
| **Narrateur** | Narator |
| **Poème** | Puisi |
| **Poétique** | Puitis |
| **Rime** | Sajak |
| **Roman** | Novel |
| **Rythme** | Irama |
| **Style** | Gaya |
| **Thème** | Tema |
| **Tragédie** | Tragedi |

## Livres
### Buku-Buku

| | |
|---|---|
| **Auteur** | Penulis |
| **Aventure** | Petualangan |
| **Collection** | Koleksi |
| **Contexte** | Konteks |
| **Dualité** | Dualitas |
| **Écrit** | Ditulis |
| **Épique** | Epik |
| **Histoire** | Cerita |
| **Historique** | Historis |
| **Humoristique** | Lucu |
| **Inventif** | Inventif |
| **Lecteur** | Pembaca |
| **Littéraire** | Sastra |
| **Narrateur** | Narator |
| **Page** | Halaman |
| **Pertinent** | Relevan |
| **Poésie** | Puisi |
| **Roman** | Novel |
| **Série** | Seri |
| **Tragique** | Tragis |

## Maison
### Rumah

| | |
|---|---|
| **Balai** | Sapu |
| **Bibliothèque** | Perpustakaan |
| **Chambre** | Ruangan |
| **Cheminée** | Perapian |
| **Clés** | Kunci |
| **Clôture** | Pagar |
| **Cuisine** | Dapur |
| **Douche** | Mandi |
| **Fenêtre** | Jendela |
| **Garage** | Garasi |
| **Grenier** | Loteng |
| **Jardin** | Kebun |
| **Lampe** | Lampu |
| **Miroir** | Cermin |
| **Mur** | Dinding |
| **Plafond** | Langit-Langit |
| **Porte** | Pintu |
| **Rideaux** | Tirai |
| **Tapis** | Karpet |
| **Toit** | Atap |

## Maladie
### Penyakit

| | |
|---|---|
| **Abdominal** | Perut |
| **Aigu** | Akut |
| **Allergies** | Alergi |
| **Chronique** | Kronis |
| **Contagieux** | Menular |
| **Corps** | Tubuh |
| **Cœur** | Hati |
| **Faible** | Lemah |
| **Génétique** | Genetik |
| **Héréditaire** | Herediter |
| **Immunité** | Imunitas |
| **Inflammation** | Peradangan |
| **Lombaire** | Pinggang |
| **Neuropathie** | Neuropati |
| **Os** | Tulang |
| **Pulmonaire** | Paru |
| **Respiratoire** | Pernapasan |
| **Santé** | Kesehatan |
| **Syndrome** | Sindrom |
| **Thérapie** | Terapi |

## Mammifères
### Mamalia

| | |
|---|---|
| **Baleine** | Paus |
| **Chat** | Kucing |
| **Cheval** | Kuda |
| **Chien** | Anjing |
| **Coyote** | Coyote |
| **Dauphin** | Lumba-Lumba |
| **Éléphant** | Gajah |
| **Girafe** | Jerapah |
| **Gorille** | Gorila |
| **Kangourou** | Kanguru |
| **Lapin** | Kelinci |
| **Lion** | Singa |
| **Loup** | Serigala |
| **Mouton** | Domba |
| **Ours** | Beruang |
| **Renard** | Rubah |
| **Singe** | Monyet |
| **Taureau** | Banteng |
| **Tigre** | Harimau |
| **Zèbre** | Zebra |

## Mathématiques
### Matematika

| | |
|---|---|
| **Angles** | Sudut |
| **Arithmétique** | Hitung |
| **Carré** | Persegi |
| **Circonférence** | Lingkar |
| **Décimal** | Desimal |
| **Diamètre** | Diameter |
| **Exposant** | Eksponen |
| **Équation** | Persamaan |
| **Fraction** | Fraksi |
| **Géométrie** | Geometri |
| **Parallèle** | Paralel |
| **Parallélogramme** | Parallelogram |
| **Perpendiculaire** | Tegak Lurus |
| **Périmètre** | Perimeter |
| **Polygone** | Poligon |
| **Rayon** | Radius |
| **Somme** | Jumlah |
| **Symétrie** | Simetri |
| **Triangle** | Segitiga |
| **Volume** | Volume |

## Mesures
### Pengukuran

| | |
|---|---|
| **Centimètre** | Sentimeter |
| **Degré** | Derajat |
| **Décimal** | Desimal |
| **Gramme** | Gram |
| **Hauteur** | Tinggi |
| **Kilogramme** | Kilogram |
| **Kilomètre** | Kilometer |
| **Largeur** | Lebar |
| **Litre** | Liter |
| **Longueur** | Panjang |
| **Masse** | Massa |
| **Mètre** | Meter |
| **Minute** | Menit |
| **Octet** | Byte |
| **Once** | Ons |
| **Poids** | Berat |
| **Pouce** | Inci |
| **Profondeur** | Kedalaman |
| **Tonne** | Ton |
| **Volume** | Volume |

## Méditation
### Meditasi

| | |
|---|---|
| **Acceptation** | Penerimaan |
| **Attention** | Perhatian |
| **Calme** | Tenang |
| **Clarté** | Kejelasan |
| **Compassion** | Kasih Sayang |
| **Esprit** | Pikiran |
| **Émotions** | Emosi |
| **Éveillé** | Bangun |
| **Gentillesse** | Kebaikan |
| **Gratitude** | Syukur |
| **Habitudes** | Kebiasaan |
| **Mental** | Mental |
| **Mouvement** | Gerakan |
| **Musique** | Musik |
| **Nature** | Alam |
| **Observation** | Observasi |
| **Paix** | Perdamaian |
| **Perspective** | Perspektif |
| **Posture** | Sikap |
| **Silence** | Kesunyian |

## Météo
### Cuaca

| | |
|---|---|
| **Arc-En-Ciel** | Pelangi |
| **Atmosphère** | Suasana |
| **Brouillard** | Kabut |
| **Calme** | Tenang |
| **Ciel** | Langit |
| **Climat** | Iklim |
| **Glace** | Es |
| **Humide** | Lembab |
| **Inondation** | Banjir |
| **Mousson** | Musim |
| **Nuage** | Awan |
| **Polaire** | Kutub |
| **Sec** | Kering |
| **Sécheresse** | Kekeringan |
| **Température** | Suhu |
| **Tempête** | Badai |
| **Tonnerre** | Guntur |
| **Tornade** | Tornado |
| **Tropical** | Tropis |
| **Vent** | Angin |

## Mode
### Fashion

| | |
|---|---|
| **Abordable** | Terjangkau |
| **Boutique** | Butik |
| **Boutons** | Tombol |
| **Broderie** | Sulaman |
| **Cher** | Mahal |
| **Confortable** | Nyaman |
| **Dentelle** | Renda |
| **Élégant** | Elegan |
| **Minimaliste** | Minimalis |
| **Moderne** | Modern |
| **Modeste** | Sederhana |
| **Modèle** | Pola |
| **Original** | Asli |
| **Pratique** | Praktis |
| **Sophistiqué** | Canggih |
| **Style** | Gaya |
| **Tendance** | Kecenderungan |
| **Texture** | Tekstur |
| **Tissu** | Kain |
| **Vêtements** | Pakaian |

## Musique
### Musik

| | |
|---|---|
| **Album** | Album |
| **Ballade** | Balada |
| **Chanter** | Menyanyi |
| **Chanteur** | Penyanyi |
| **Classique** | Klasik |
| **Enregistrement** | Rekaman |
| **Harmonie** | Harmoni |
| **Harmonique** | Harmonik |
| **Instrument** | Alat |
| **Lyrique** | Liris |
| **Mélodie** | Melodi |
| **Microphone** | Mikrofon |
| **Musical** | Musikal |
| **Musicien** | Musisi |
| **Opéra** | Opera |
| **Poétique** | Puitis |
| **Rythme** | Irama |
| **Rythmique** | Berirama |
| **Tempo** | Tempo |
| **Vocal** | Vokal |

## Mythologie
### Mitologi

| | |
|---|---|
| **Archétype** | Pola Dasar |
| **Catastrophe** | Bencana |
| **Comportement** | Perilaku |
| **Création** | Penciptaan |
| **Créature** | Makhluk |
| **Croyances** | Keyakinan |
| **Culture** | Budaya |
| **Éclair** | Petir |
| **Force** | Kekuatan |
| **Guerrier** | Pejuang |
| **Héros** | Pahlawan |
| **Immortalité** | Keabadian |
| **Jalousie** | Kecemburuan |
| **Labyrinthe** | Labirin |
| **Légende** | Legenda |
| **Magique** | Gaib |
| **Monstre** | Rakasa |
| **Mortel** | Fana |
| **Tonnerre** | Guntur |
| **Vengeance** | Balas Dendam |

## Nature
### Alam

| | |
|---|---|
| **Abeilles** | Lebah |
| **Abri** | Penampungan |
| **Animaux** | Binatang |
| **Arctique** | Arktik |
| **Beauté** | Kecantikan |
| **Brouillard** | Kabut |
| **Désert** | Gurun |
| **Dynamique** | Dinamis |
| **Érosion** | Erosi |
| **Feuillage** | Dedaunan |
| **Fleuve** | Sungai |
| **Forêt** | Hutan |
| **Glacier** | Gletser |
| **Montagnes** | Gunung |
| **Nuage** | Awan |
| **Paisible** | Tenang |
| **Sanctuaire** | Suaka |
| **Sauvage** | Liar |
| **Tropical** | Tropis |
| **Vital** | Vital |

## Nombres
### Angka

| | |
|---|---|
| **Cinq** | Lima |
| **Deux** | Dua |
| **Décimal** | Desimal |
| **Dix** | Sepuluh |
| **Dix-Huit** | Delapan Belas |
| **Dix-Sept** | Tujuh Belas |
| **Douze** | Dua Belas |
| **Huit** | Delapan |
| **Neuf** | Sembilan |
| **Quatorze** | Empat Belas |
| **Quatre** | Empat |
| **Quinze** | Lima Belas |
| **Seize** | Enam Belas |
| **Sept** | Tujuh |
| **Six** | Enam |
| **Treize** | Tiga Belas |
| **Trois** | Tiga |
| **Un** | Satu |
| **Vingt** | Dua Puluh |
| **Zéro** | Nol |

## Nourriture #1
### Makanan # 1

| | |
|---|---|
| **Ail** | Bawang Putih |
| **Basilic** | Kemangi |
| **Café** | Kopi |
| **Cannelle** | Kayu Manis |
| **Carotte** | Wortel |
| **Citron** | Lemon |
| **Épinard** | Bayam |
| **Fraise** | Stroberi |
| **Jus** | Jus |
| **Lait** | Susu |
| **Navet** | Lobak |
| **Oignon** | Bawang |
| **Orge** | Jelai |
| **Poire** | Pir |
| **Salade** | Salad |
| **Sel** | Garam |
| **Soupe** | Sup |
| **Sucre** | Gula |
| **Thon** | Tuna |
| **Viande** | Daging |

## Nourriture #2
### Makanan # 2

| | |
|---|---|
| **Amande** | Almond |
| **Aubergine** | Terong |
| **Banane** | Pisang |
| **Blé** | Gandum |
| **Brocoli** | Brokoli |
| **Cerise** | Ceri |
| **Céleri** | Seledri |
| **Champignon** | Jamur |
| **Chocolat** | Coklat |
| **Jambon** | Ham |
| **Kiwi** | Kiwi |
| **Mangue** | Mangga |
| **Oeuf** | Telur |
| **Pain** | Roti |
| **Poisson** | Ikan |
| **Pomme** | Apel |
| **Poulet** | Ayam |
| **Raisin** | Anggur |
| **Riz** | Nasi |
| **Tomate** | Tomat |

## Nutrition
### Nutrisi

| | |
|---|---|
| **Amer** | Pahit |
| **Appétit** | Nafsu Makan |
| **Calories** | Kalori |
| **Comestible** | Bisa Dimakan |
| **Diète** | Diet |
| **Digestion** | Pencernaan |
| **Épices** | Rempah-Rempah |
| **Équilibré** | Seimbang |
| **Fermentation** | Fermentasi |
| **Glucides** | Karbohidrat |
| **Liquides** | Cairan |
| **Poids** | Berat |
| **Protéines** | Protein |
| **Qualité** | Kualitas |
| **Sain** | Sehat |
| **Santé** | Kesehatan |
| **Sauce** | Saus |
| **Saveur** | Rasa |
| **Toxine** | Racun |
| **Vitamine** | Vitamin |

## Océan
### Samudra

| | |
|---|---|
| **Algue** | Rumput Laut |
| **Anguille** | Belut |
| **Baleine** | Paus |
| **Bateau** | Perahu |
| **Corail** | Karang |
| **Crabe** | Kepiting |
| **Crevette** | Udang |
| **Dauphin** | Lumba-Lumba |
| **Éponge** | Spons |
| **Huître** | Tiram |
| **Méduse** | Ubur-Ubur |
| **Poisson** | Ikan |
| **Poulpe** | Gurita |
| **Requin** | Hiu |
| **Récif** | Terumbu |
| **Sel** | Garam |
| **Tempête** | Badai |
| **Thon** | Tuna |
| **Tortue** | Penyu |
| **Vagues** | Ombak |

## Oiseaux
### Burung-Burung

| | |
|---|---|
| **Aigle** | Elang |
| **Autruche** | Burung Unta |
| **Canard** | Bebek |
| **Canari** | Kenari |
| **Cigogne** | Bangau |
| **Colombe** | Merpati |
| **Corbeau** | Gagak |
| **Coucou** | Cuckoo |
| **Cygne** | Angsa |
| **Flamant** | Flamingo |
| **Hibou** | Burung Hantu |
| **Manchot** | Penguin |
| **Moineau** | Burung Pipit |
| **Mouette** | Gull |
| **Oeuf** | Telur |
| **Paon** | Merak |
| **Perroquet** | Burung Beo |
| **Pélican** | Pelikan |
| **Poulet** | Ayam |
| **Toucan** | Toucan |

## Pays #1
### Negara # 1

| | |
|---|---|
| **Afghanistan** | Afghanistan |
| **Allemagne** | Jerman |
| **Argentine** | Argentina |
| **Brésil** | Brazil |
| **Canada** | Kanada |
| **Espagne** | Spanyol |
| **Équateur** | Ekuador |
| **Finlande** | Finlandia |
| **Inde** | India |
| **Israël** | Israel |
| **Libye** | Libya |
| **Mali** | Mali |
| **Maroc** | Maroko |
| **Nicaragua** | Nikaragua |
| **Norvège** | Norwegia |
| **Panama** | Panama |
| **Philippines** | Filipina |
| **Pologne** | Polandia |
| **Roumanie** | Rumania |
| **Venezuela** | Venezuela |

## Pays #2
### Negara #2

| | |
|---|---|
| **Albanie** | Albania |
| **Chine** | Cina |
| **Danemark** | Denmark |
| **France** | Perancis |
| **Haïti** | Haiti |
| **Indonésie** | Indonesia |
| **Irlande** | Irlandia |
| **Jamaïque** | Jamaika |
| **Japon** | Jepang |
| **Kenya** | Kenya |
| **Laos** | Laos |
| **Liban** | Libanon |
| **Mexique** | Meksiko |
| **Ouganda** | Uganda |
| **Pakistan** | Pakistan |
| **Russie** | Rusia |
| **Somalie** | Somalia |
| **Soudan** | Sudan |
| **Syrie** | Suriah |
| **Ukraine** | Ukraina |

## Paysages
### Pemandangan Alam

| | |
|---|---|
| **Cascade** | Air Terjun |
| **Colline** | Bukit |
| **Désert** | Gurun |
| **Estuaire** | Muara |
| **Fleuve** | Sungai |
| **Geyser** | Geyser |
| **Glacier** | Gletser |
| **Grotte** | Gua |
| **Iceberg** | Gunung Es |
| **Île** | Pulau |
| **Lac** | Danau |
| **Marais** | Rawa |
| **Mer** | Laut |
| **Montagne** | Gunung |
| **Oasis** | Oasis |
| **Péninsule** | Semenanjung |
| **Plage** | Pantai |
| **Toundra** | Tundra |
| **Vallée** | Lembah |
| **Volcan** | Gunung Berapi |

## Photographie
### Fotografi

| | |
|---|---|
| **Adoucir** | Melunakkan |
| **Cadre** | Bingkai |
| **Caméra** | Kamera |
| **Composition** | Komposisi |
| **Contraste** | Kontras |
| **Couleur** | Warna |
| **Définition** | Definisi |
| **Exposition** | Pameran |
| **Éclairage** | Pencahayaan |
| **Format** | Format |
| **Noir** | Hitam |
| **Objet** | Objek |
| **Obscurité** | Kegelapan |
| **Ombre** | Bayangan |
| **Perspective** | Perspektif |
| **Portrait** | Potret |
| **Sujet** | Subjek |
| **Texture** | Tekstur |
| **Visuel** | Visual |
| **Vue** | Melihat |

## Physique
### Fisika

| | |
|---|---|
| **Accélération** | Akselerasi |
| **Atome** | Atom |
| **Chaos** | Kekacauan |
| **Chimique** | Bahan Kimia |
| **Densité** | Kepadatan |
| **Électron** | Elektron |
| **Formule** | Rumus |
| **Fréquence** | Frekuensi |
| **Gaz** | Gas |
| **Gravité** | Gravitasi |
| **Magnétisme** | Magnetisme |
| **Masse** | Massa |
| **Mécanique** | Mekanika |
| **Molécule** | Molekul |
| **Moteur** | Mesin |
| **Nucléaire** | Nuklir |
| **Particule** | Partikel |
| **Relativité** | Relativitas |
| **Universel** | Universal |
| **Vitesse** | Kecepatan |

## Plantes
### Tanaman

| | |
|---|---|
| **Arbre** | Pohon |
| **Baie** | Berry |
| **Bambou** | Bambu |
| **Botanique** | Botani |
| **Buisson** | Semak |
| **Cactus** | Kaktus |
| **Engrais** | Pupuk |
| **Feuillage** | Dedaunan |
| **Fleur** | Bunga |
| **Flore** | Flora |
| **Forêt** | Hutan |
| **Grandir** | Tumbuh |
| **Haricot** | Kacang |
| **Herbe** | Rumput |
| **Jardin** | Kebun |
| **Lierre** | Ivy |
| **Mousse** | Lumut |
| **Pétale** | Kelopak |
| **Racine** | Akar |
| **Végétation** | Vegetasi |

## Professions #1
### Profesi # 1

| | |
|---|---|
| **Ambassadeur** | Duta Besar |
| **Artiste** | Artis |
| **Astronome** | Astronom |
| **Avocat** | Pengacara |
| **Banquier** | Bankir |
| **Bijoutier** | Perhiasan |
| **Cartographe** | Kartografer |
| **Chasseur** | Hunter |
| **Danseur** | Penari |
| **Entraîneur** | Pelatih |
| **Éditeur** | Editor |
| **Géologue** | Ahli Geologi |
| **Infirmière** | Perawat |
| **Médecin** | Dokter |
| **Musicien** | Musisi |
| **Pianiste** | Pianis |
| **Plombier** | Tukang Ledeng |
| **Psychologue** | Psikolog |
| **Scientifique** | Ilmuwan |
| **Vétérinaire** | Dokter Hewan |

## Professions #2
### Profesi # 2

| | |
|---|---|
| **Astronaute** | Astronot |
| **Bibliothécaire** | Pustakawan |
| **Biologiste** | Ahli Biologi |
| **Chercheur** | Peneliti |
| **Chirurgien** | Ahli Bedah |
| **Dentiste** | Dokter Gigi |
| **Détective** | Detektif |
| **Enseignant** | Guru |
| **Illustrateur** | Ilustrator |
| **Ingénieur** | Insinyur |
| **Inventeur** | Penemu |
| **Jardinier** | Tukang Kebun |
| **Journaliste** | Wartawan |
| **Linguiste** | Ahli Bahasa |
| **Médecin** | Dokter |
| **Peintre** | Pelukis |
| **Philosophe** | Filsuf |
| **Photographe** | Fotografer |
| **Pilote** | Pilot |
| **Zoologiste** | Zoologi |

## Psychologie
### Psikologi

| | |
|---|---|
| Clinique | Klinis |
| Cognition | Kognisi |
| Comportement | Perilaku |
| Conflit | Konflik |
| Ego | Ego |
| Expériences | Pengalaman |
| Émotions | Emosi |
| Évaluation | Penilaian |
| Idées | Ide |
| Inconscient | Bawah Sadar |
| Influences | Pengaruh |
| Pensées | Pikiran |
| Perception | Persepsi |
| Personnalité | Kepribadian |
| Problème | Masalah |
| Rendez-Vous | Janji |
| Réalité | Realitas |
| Rêves | Mimpi |
| Sensation | Sensasi |
| Thérapie | Terapi |

## Randonnée
### Mendaki

| | |
|---|---|
| Animaux | Binatang |
| Bottes | Sepatu Bot |
| Camping | Camping |
| Carte | Peta |
| Climat | Iklim |
| Eau | Air |
| Falaise | Tebing |
| Fatigué | Lelah |
| Guides | Panduan |
| Lourd | Berat |
| Météo | Cuaca |
| Montagne | Gunung |
| Nature | Alam |
| Orientation | Orientasi |
| Parcs | Taman |
| Pierres | Batu |
| Préparation | Persiapan |
| Sauvage | Liar |
| Soleil | Matahari |
| Sommet | Puncak |

## Remplir
### Untuk Mengisi

| | |
|---|---|
| Baril | Barel |
| Bassin | Baskom |
| Boîte | Kotak |
| Bouteille | Botol |
| Caisse | Peti |
| Carton | Karton |
| Dossier | Map |
| Enveloppe | Amplop |
| Navire | Kapal |
| Panier | Keranjang |
| Paquet | Paket |
| Plateau | Baki |
| Poche | Saku |
| Pot | Jar |
| Sac | Tas |
| Seau | Ember |
| Tiroir | Laci |
| Tube | Tabung |
| Valise | Koper |
| Vase | Vas |

## Restaurant #2
### Restoran #2

| | |
|---|---|
| Boisson | Minuman |
| Chaise | Kursi |
| Cuillère | Sendok |
| Déjeuner | Makan Siang |
| Délicieux | Lezat |
| Dîner | Makan Malam |
| Eau | Air |
| Épices | Rempah-Rempah |
| Fourchette | Garpu |
| Fruit | Buah |
| Gâteau | Kue |
| Glace | Es |
| Légumes | Sayuran |
| Nouilles | Mie |
| Oeuf | Telur |
| Poisson | Ikan |
| Salade | Salad |
| Sel | Garam |
| Serveur | Pelayan |
| Soupe | Sup |

## Réchauffement Climatique
### Pemanasan Global

| | |
|---|---|
| Arctique | Arktik |
| Attention | Perhatian |
| Climat | Iklim |
| Crise | Krisis |
| Développement | Pembangunan |
| Données | Data |
| Environnemental | Lingkungan |
| Énergie | Energi |
| Futur | Masa Depan |
| Gaz | Gas |
| Générations | Generasi |
| Gouvernement | Pemerintah |
| Habitats | Habitat |
| Industrie | Industri |
| International | Internasional |
| Législation | Legislasi |
| Maintenant | Sekarang |
| Populations | Populasi |
| Scientifique | Ilmuwan |
| Températures | Suhu |

## Santé et Bien-Être #1
### Kesehatan dan Kebugaran

| | |
|---|---|
| Actif | Aktif |
| Bactéries | Bakteri |
| Blessure | Cedera |
| Clinique | Klinik |
| Faim | Kelaparan |
| Fracture | Patah |
| Habitude | Kebiasaan |
| Hauteur | Tinggi |
| Hormone | Hormon |
| Médecin | Dokter |
| Médicament | Obat |
| Muscles | Otot |
| Os | Tulang |
| Peau | Kulit |
| Pharmacie | Farmasi |
| Posture | Sikap |
| Réflexe | Refleks |
| Thérapie | Terapi |
| Traitement | Pengobatan |
| Virus | Virus |

## Santé et Bien-Être #2
### Kesehatan dan Kebugaran

| | |
|---|---|
| **Allergie** | Alergi |
| **Anatomie** | Anatomi |
| **Appétit** | Nafsu Makan |
| **Calorie** | Kalori |
| **Corps** | Tubuh |
| **Déshydratation** | Dehidrasi |
| **Énergie** | Energi |
| **Génétique** | Genetika |
| **Hôpital** | Rumah Sakit |
| **Hygiène** | Kebersihan |
| **Infection** | Infeksi |
| **Maladie** | Penyakit |
| **Massage** | Pijat |
| **Nutrition** | Gizi |
| **Poids** | Berat |
| **Récupération** | Pemulihan |
| **Sain** | Sehat |
| **Sang** | Darah |
| **Stress** | Stres |
| **Vitamine** | Vitamin |

## Science
### Sains

| | |
|---|---|
| **Atome** | Atom |
| **Chimique** | Bahan Kimia |
| **Climat** | Iklim |
| **Données** | Data |
| **Expérience** | Percobaan |
| **Évolution** | Evolusi |
| **Fait** | Fakta |
| **Fossile** | Fosil |
| **Gravité** | Gravitasi |
| **Hypothèse** | Hipotesis |
| **Laboratoire** | Laboratorium |
| **Méthode** | Metode |
| **Minéraux** | Mineral |
| **Molécules** | Molekul |
| **Nature** | Alam |
| **Observation** | Observasi |
| **Organisme** | Organisme |
| **Particules** | Partikel |
| **Physique** | Fisika |
| **Scientifique** | Ilmuwan |

## Science-Fiction
### Fiksi Ilmiah

| | |
|---|---|
| **Atomique** | Atom |
| **Cinéma** | Bioskop |
| **Explosion** | Ledakan |
| **Extrême** | Ekstrem |
| **Fantastique** | Fantastis |
| **Feu** | Api |
| **Futuriste** | Futuristik |
| **Galaxie** | Galaksi |
| **Illusion** | Ilusi |
| **Imaginaire** | Imajiner |
| **Livres** | Buku |
| **Monde** | Dunia |
| **Mystérieux** | Gaib |
| **Oracle** | Oracle |
| **Planète** | Planet |
| **Réaliste** | Realistis |
| **Robots** | Robot |
| **Scénario** | Skenario |
| **Technologie** | Teknologi |
| **Utopie** | Utopia |

## Temps
### Waktu

| | |
|---|---|
| **Année** | Tahun |
| **Annuel** | Tahunan |
| **Après** | Setelah |
| **Aujourd'Hui** | Hari Ini |
| **Avant** | Sebelum |
| **Bientôt** | Segera |
| **Calendrier** | Kalender |
| **Décennie** | Dasawarsa |
| **Futur** | Masa Depan |
| **Heure** | Jam |
| **Hier** | Kemarin |
| **Jour** | Hari |
| **Maintenant** | Sekarang |
| **Matin** | Pagi |
| **Midi** | Siang |
| **Minute** | Menit |
| **Mois** | Bulan |
| **Nuit** | Malam |
| **Semaine** | Minggu |
| **Siècle** | Abad |

## Types de Cheveux
### Jenis Rambut

| | |
|---|---|
| **Argent** | Perak |
| **Blanc** | Putih |
| **Blond** | Pirang |
| **Boucles** | Ikal |
| **Brillant** | Berkilau |
| **Chauve** | Botak |
| **Coloré** | Berwarna |
| **Court** | Pendek |
| **Doux** | Lembut |
| **Épais** | Tebal |
| **Frisé** | Keriting |
| **Gris** | Abu-Abu |
| **Long** | Panjang |
| **Marron** | Cokelat |
| **Mince** | Tipis |
| **Noir** | Hitam |
| **Ondulé** | Bergelombang |
| **Sain** | Sehat |
| **Sec** | Kering |
| **Tressé** | Dikepang |

## Univers
### Universe

| | |
|---|---|
| **Astéroïde** | Asteroid |
| **Astronome** | Astronom |
| **Astronomie** | Astronomi |
| **Atmosphère** | Suasana |
| **Ciel** | Langit |
| **Cosmique** | Kosmik |
| **Équateur** | Khatulistiwa |
| **Galaxie** | Galaksi |
| **Hémisphère** | Belahan Bumi |
| **Horizon** | Horison |
| **Latitude** | Garis Lintang |
| **Longitude** | Garis Bujur |
| **Lune** | Bulan |
| **Obscurité** | Kegelapan |
| **Orbite** | Orbit |
| **Solaire** | Surya |
| **Solstice** | Solstice |
| **Télescope** | Teleskop |
| **Visible** | Terlihat |
| **Zodiaque** | Zodiak |

## Vacances #2
### Liburan #2

| | |
|---|---|
| **Aéroport** | Bandara |
| **Camping** | Camping |
| **Carte** | Peta |
| **Destination** | Tujuan |
| **Étranger** | Orang Asing |
| **Hôtel** | Hotel |
| **Île** | Pulau |
| **Loisir** | Rekreasi |
| **Mer** | Laut |
| **Passeport** | Paspor |
| **Plage** | Pantai |
| **Restaurant** | Restoran |
| **Réservations** | Reservasi |
| **Taxi** | Taksi |
| **Tente** | Tenda |
| **Train** | Kereta |
| **Transport** | Transportasi |
| **Vacances** | Liburan |
| **Visa** | Visa |
| **Voyage** | Perjalanan |

## Véhicules
### Kendaraan

| | |
|---|---|
| **Ambulance** | Ambulans |
| **Avion** | Pesawat |
| **Bateau** | Perahu |
| **Bus** | Bis |
| **Camion** | Truk |
| **Caravane** | Kafilah |
| **Ferry** | Feri |
| **Fusée** | Roket |
| **Hélicoptère** | Helikopter |
| **Moteur** | Motor |
| **Navette** | Shuttle |
| **Pneus** | Ban |
| **Radeau** | Rakit |
| **Scooter** | Skuter |
| **Sous-Marin** | Kapal Selam |
| **Taxi** | Taksi |
| **Tracteur** | Traktor |
| **Train** | Kereta |
| **Vélo** | Sepeda |
| **Voiture** | Mobil |

## Vêtements
### Pakaian

| | |
|---|---|
| **Bracelet** | Gelang |
| **Ceinture** | Ikat Pinggang |
| **Chapeau** | Topi |
| **Chaussure** | Sepatu |
| **Chemise** | Baju |
| **Chemisier** | Blus |
| **Collier** | Kalung |
| **Foulard** | Syal |
| **Gants** | Sarung Tangan |
| **Jeans** | Jeans |
| **Jupe** | Rok |
| **Manteau** | Mantel |
| **Mode** | Mode |
| **Pantalon** | Celana |
| **Pull** | Sweter |
| **Pyjama** | Piyama |
| **Robe** | Gaun |
| **Sandales** | Sandal |
| **Tablier** | Celemek |
| **Veste** | Jas |

## Ville
### Kota

| | |
|---|---|
| **Aéroport** | Bandara |
| **Banque** | Bank |
| **Bibliothèque** | Perpustakaan |
| **Boulangerie** | Toko Roti |
| **Cinéma** | Bioskop |
| **Clinique** | Klinik |
| **École** | Sekolah |
| **Fleuriste** | Florist |
| **Galerie** | Galeri |
| **Hôtel** | Hotel |
| **Librairie** | Toko Buku |
| **Marché** | Pasar |
| **Musée** | Museum |
| **Pharmacie** | Farmasi |
| **Restaurant** | Restoran |
| **Salon** | Salon |
| **Stade** | Stadion |
| **Supermarché** | Supermarket |
| **Théâtre** | Teater |
| **Université** | Universitas |

# Félicitations

**Vous avez réussi !**

Nous espérons que vous avez apprécié ce livre autant que nous avons pris plaisir à le concevoir. Nous faisons de notre mieux pour créer des livres de la meilleure qualité possible.
Cette édition est conçue pour permettre un apprentissage intelligent et de qualité en se divertissant !

Vous avez aimé ce livre ?

-------

## Une Simple Demande

Nos livres existent grâce aux avis que vous publiez. Pourriez-vous nous aider en laissant un avis maintenant ?

Voici un lien rapide qui vous mènera à votre
page d'évaluation de vos commandes :

BestBooksActivity.com/Avis50

# CHALLENGE FINAL !

## Défi n°1

Êtes-vous prêt pour votre jeu bonus ? Nous les utilisons tout le temps mais ils ne sont pas si faciles à trouver. Voici les **Synonymes** !

Notez 5 mots que vous avez trouvés dans les puzzles notés ci-dessous (n°21, n°36, n°76) et essayez de trouver 2 synonymes pour chaque mot.

### Notez 5 Mots du *Puzzle 21*

| Mots | Synonyme 1 | Synonyme 2 |
|------|------------|------------|
|      |            |            |
|      |            |            |
|      |            |            |
|      |            |            |
|      |            |            |

### Notez 5 Mots du *Puzzle 36*

| Mots | Synonyme 1 | Synonyme 2 |
|------|------------|------------|
|      |            |            |
|      |            |            |
|      |            |            |
|      |            |            |
|      |            |            |

### Notez 5 Mots du *Puzzle 76*

| Mots | Synonyme 1 | Synonyme 2 |
|------|------------|------------|
|      |            |            |
|      |            |            |
|      |            |            |
|      |            |            |
|      |            |            |

# Défi n°2

Maintenant que vous vous êtes échauffé, notez 5 mots que vous avez découverts dans les Puzzles n° 9, n° 17, n° 25 et essayez de trouver 2 antonymes pour chaque mot. Combien pouvez-vous en trouver en 20 minutes ?

*Notez 5 Mots du* **Puzzle 9**

| Mots | Antonyme 1 | Antonyme 2 |
|------|------------|------------|
|      |            |            |
|      |            |            |
|      |            |            |
|      |            |            |
|      |            |            |

*Notez 5 Mots du* **Puzzle 17**

| Mots | Antonyme 1 | Antonyme 2 |
|------|------------|------------|
|      |            |            |
|      |            |            |
|      |            |            |
|      |            |            |
|      |            |            |

*Notez 5 Mots du* **Puzzle 25**

| Mots | Antonyme 1 | Antonyme 2 |
|------|------------|------------|
|      |            |            |
|      |            |            |
|      |            |            |
|      |            |            |
|      |            |            |

# Défi n°3

Formidable ! Ce défi final n'est rien pour vous.

Prêt pour le dernier défi ? Choisissez 10 mots que vous avez découverts parmi les différents puzzles et notez-les ci-dessous.

| | |
|---|---|
| 1. | 6. |
| 2. | 7. |
| 3. | 8. |
| 4. | 9. |
| 5. | 10. |

Maintenant, composez un texte en pensant à une personne, un animal ou un lieu que vous aimez !

Astuce: Vous pouvez utiliser la dernière page de ce livre comme brouillon !

## Votre Composition :

# CARNET DE NOTES :

# À TRÈS BIENTÔT !

*Toute l'équipe*

# DECOUVREZ DES JEUX GRATUITS

**GO**

BESTACTIVITYBOOKS.COM/FREEGAMES